ORTE DER KRAFT

BLANCHE MERZ

ORTE DER KRAFT

Wenig bekannte kosmo-terrestrische Energien

Eigenverlag
INSTITUT DE RECHERCHES EN GEOBIOLOGIE
CH-1803 Chardonne/Schweiz

Titel der französischen Ausgabe:
HAUTS-LIEUX COSMO-TELLURIQUES
Energies subtiles méconnues

Erschienen im Verlag Georg S. A.
Librairie de l'Université, CH-1211 Genève, Copyright 1983

Frankreich: Dervy-Livres, Paris
Englische und arabische Übersetzung in Vorbereitung

Mitarbeiter der deutschen Ausgabe:
Hans Witzig, Wettingen
Prof. Dipl. Ing. Reinhold und Margarethe Klaus, Wien

ISBN 2-8257-0111-4

Printed in Switzerland

INHALTSVERZEICHNIS

INHALTSVERZEICHNIS

Auch das kleinste Licht anzuzünden ist besser, als sich über die Dunkelheit zu ärgern.

Chinesisches Sprichwort

I. ZUR EINSTIMMUNG

1. BLICK DURCH EINE HALBGEÖFFNETE TÜRE

Ist es nicht faszinierend, Systeme uralter Zeiten – die man oft für wertlos hält – zu entdecken, und dies umsomehr als die heutige Kultur die Tendenz hat, alle nicht erfassten Phänomene in unabänderliche Dogmen zu verhärten.

So gibt uns die Erdrinde recht sparsam einige Aspekte zu erkennen, die einen sofortigen unmittelbaren Einfluss auf unser tägliches Leben haben.

Im Stillen ist eine neue Wissenschaft entstanden, ohne Versuch, Emotionen und oberflächliche Neugier zu entfachen. Es ist die Geobiologie, die anschaulich den Zusammenhang zwischen dem Verhalten, dem Gesundheitszustand des Menschen und dem Ort, wo er lebt, zeigt. In Harmonie mit dem Universum, der Erde, den Tieren und Pflanzen zu leben und dies auch bewusster in seinem persönlichen Rahmen zu verwirklichen, das ist die ganze sensible Realität.

Einer der Forschungswege wird uns zu bestimmten Orten der Kraft des Erdballes führen, deren Energiefeld durch Jahrhunderte – ja durch Jahrtausende – erhalten geblieben ist und weiterhin einen starken Einfluss auf den Menschen unserer Zeit ausübt. Unser Versuch besteht darin, das Zusammenwirken der Überlegungen der Konstrukteure für die sakralen Bauten und für die Wahl des sogenannten Ortes der Kraft zu ergründen. Dabei wird eine Vibration, eine Affinität und eine Sensibilität ins Spiel gebracht, was zugleich erlaubt, eine erfassbare Brücke zwischen dem sensitiven Menschen und der ausgeklügelten Antennentechnik von heute zu schlagen.

Dank dieses erweiterten Rahmens der Geobiologie erkennt man, dass der Mensch die Fähigkeit hat, gewisse Grenzen seines bedingten zerebralen Feldes zu überschreiten.

Beim Aufsuchen der kosmisch-terrestrischen Einflüsse kommt man dem *Genius Loci* – dem Geist des Ortes – der in sehr alten Büchern ausgesprochene Kräfte eines Ortes symbolisiert, näher. Und noch heute fliesst dort der Energiestrom, immer noch wirksam in seiner Bipolarität.

Wählen wir also besser die Seite der Erforscher des Lebens, als dynamische Skeptiker für all das, was heute erst in Spuren erkennbar ist. Und dies, obschon unser kartesianischer Geist glaubt, nur das, was die Ratio billigt, annehmen zu dürfen.

Der wissenschaftliche Geist schliesst die Imagination und die Meditation nicht aus; im Gegenteil, würde man sie nicht heranziehen, wäre das für die Forschung eine Verarmung und keine Bereicherung.

In den «Pensées» beklagt sich der französische Philosoph Pascal darüber, dass der Mensch für die kleinsten Dinge sensibel ist, jedoch nicht für die grossen, und er fragt sich, warum das so ist. Vielleicht liegt der Grund darin, dass der Mensch seinem kleinen Ich eine zu grosse Bedeutung zumisst.

Bevor man sich an Orte der Kraft begibt, ist es angezeigt, zuerst die eigene natürliche Umwelt zu erfühlen. Versuchen wir deshalb, uns Rechenschaft zu geben, wo wir uns in unserer näheren Umgebung wohl fühlen, wo wir uns vorzugsweise aufhalten – oder im Gegensatz dazu, wo wir angegriffen, nervös, verkrampft oder müde sind. Schritt für Schritt wird dieser persönliche Rahmen, den man in einem unbewussten Zustand einfach hinnimmt, unsere Aufmerksamkeit wecken und dazu führen, das Wichtige vom Unwichtigen unterscheiden zu können.

Einverstanden, es ist manchmal eine kleine oder grössere Hilfe als Anstoss notwendig; ist jedoch die Sache einmal eingefädelt, so kann der Faden der erwachten Neugier die besten Teile der Erkenntnisse zusammenfügen. Staunen und Eifer ermuntern, neue Pfade zu beschreiten.

Mittels einer wenig bekannten Erweiterung der Geobiologie werden wir versuchen, die Verbindung zwischen den heute zum

Teil erkannten Tatbeständen und den subtilen Energien, die neu oder neuerlich zu entdecken sind, herzustellen – die, warum nicht, den Gang der Wissenschaft von morgen erleichtern könnten. Es ist von geringer Bedeutung, welchen Namen diese tragen wird. Auf dem Weg der Evolution wird es sicher eine Struktur geben, in dem die zukünftige Physik Hand in Hand mit der Esoterik ihren Platz finden wird. Die Indizien dafür sind nicht mehr zu bestreiten.

Für unsere Forschungen fehlen wohl noch einige Schlüssel der Klarheit – aber ist dies nicht gerade ein Appell an unsere Zeit, bestimmte Türschlösser zu entstauben. Auch ohne den Grossen Schlüssel zu besitzen, wollen wir es wagen, von der banalen Umwelt aus einen Blick durch eine halbgeöffnete Türe zu werfen – wie neugierige Menschenkinder, die keine Zeit mehr verspielen und verlieren wollen, erwachsen zu werden.

2. ENTDECKE DEINE FORSCHERSEELE

Als Erwachsene des XX. Jahrhunderts sehen wir, trotz all des angeeigneten Wissens, unsere unvollkommenen Kenntnisse ein. Haben wir nicht schon in früher Jugend empfunden, dass Kräfte und subtile Strömungen um uns existierten, dass allerdings die Schule niemals davon sprechen würde, dass es kein Wahlfach für eine wirkliche Lebenskunde geben würde. Später, als wir die Auszeichnungen und die ersten Fieber unseres kleinen Stolzes hinter uns liessen, haben wir uns ohne Zweifel Rechenschaft darüber gegeben, dass man auf eigene Faust die Grenzen der klassischen Technologie überschreiten muss.

Ein sich Zurückfinden ist angebracht. Versuchen wir unser Kinderherz wieder zu entdecken, und wir werden freudig überrascht einen unerwarteten Weg der höchsten Verwunderung freilegen. Dies wird uns schon mit der vibrierenden Lebensenergie in Verbindung bringen. Auf der aktuellen Suche nach alternativen Energien haben wir da eine zur Hand, welche nichts kostet! Sie wird ein Stimulans sein für einen inneren Antrieb, der uns erlaubt, eine besondere Art von Freude zu kosten – zu vergleichen mit der Begeisterung jenes Flugzeugfabrikanten, der immer erneut erstaunt ist, dass solch ein schwerer Metallkörper in der Luft schweben kann.

Oder man flieht vor dieser Haltung mit dem Vorwand, realistisch sein zu wollen.

Verstehen, experimentieren, eine gegebene Erkenntnis annehmen – und wäre es nur ein sehr kleiner Teil vom Ganzen – macht schon innerlich reicher und stärker. Hauptsache ist, sich der gegenwärtigen erfühlbaren Welt zu öffnen und nicht in vorgezeichneten Schemas zu verkalken. Je mehr die scheinbaren Grenzen verschwinden, umso mehr wächst die Persönlichkeit.

Unser Zeitalter klammert sich gar gerne an den äusseren Anschein; die gebildete Welt meinte bis jetzt sich auszuzeichnen, indem sie die hauptsächlichsten Forschungen von NEWTON in der Philosophie und Alchimie verschwieg; er wurde nur in den Disziplinen der Mathematik und der Physik genannt: das Fallen eines Apfels hat genügt, im Menschen ein für alle Mal Gewissheiten zu erwecken.

3. DIE ALTEN WUSSTEN ES SCHON

Wir werden uns weder an den Kenntnissen der Alten berauschen, noch sie fanatisch vertreten, denn das, was einmal gültig war, ist es nicht unbedingt noch heute.

Was soll man unter einem Ort der Kraft verstehen? Ein solcher Ort ist eine Stätte mit besonderen, energiespendenden Kräften. Es ist ein genau feststellbarer geografischer Standort, den der Mensch in den alten Zeiten hat entdecken müssen, sei es mittels der Fühligkeit, der Intuition, der Beobachtung oder sei es durch die genauen Kenntnisse der Beziehungen Erde-Kosmos, die verloren gegangen sind. Mit kleinen Schritten beginnt nun das zwanzigste Jahrhundert sie wieder zu entdecken, sich das Wissen der damaligen Eingeweihten, der Geomanten, wieder anzueignen.

Es scheint, dass es auf unserem Planeten eine Vielzahl von Orten der Kraft gibt. Sie haben indessen verschiedennartige Einflüsse und wurden auch für unterschiedliche Zwecke benutzt.

Um diese Orte heute zu finden, gehen wir vor allem den alten Kultstätten nach, seien es Tempel oder Kathedralen. Es gibt auch Gräber – wir werden es in einem andern Kapitel sehen – in denen die Körper ohne Mumifikation intakt bleiben. Nicht zu vergessen sind die Menhire als Speicher und Sender von Energien.

An diesen auserlesenen Stellen erwägen wir den Austausch der Kräfte zwischen Erde und Kosmos, und wir versuchen den Ort stärkster Wirkung genau zu bestimmen. Hier wird die Intensität der Anziehungskraft der beiden Gegensätze Erde-Kosmos festgestellt; ebenso, ob sie sich anziehen oder abstossen oder ob sie zu einer neuen Energieform verschmelzen.

Diese kosmisch-terrestrische Wechselwirkung zeigt deutlich die Mannigfaltigkeit der möglichen Einflüsse – und auch den natürlichen Preis, den der Mensch für die Wahl seines Aufenthaltsortes wird bezahlen müssen.

Das chinesische I Ging – das Buch der Wandlungen – äussert sich folgendermassen:
Der Himmel ist das aktive Prinzip, das Männliche, das im Gegensatz zur Erde steht, welche passiv und weiblich ist. Himmel und Erde sind das Resultat der ersten ursprünglichen Polarisation. Die Durchdringung der Erde durch den Himmel bildet die Vermählung, aus der der «Sohn des Himmels und der Erde», der Mensch, hervorgegangen ist.

Im alten Ägypten ist der Himmel hingegen ein weibliches Prinzip. Die Göttin Nut ist die Mutter der Götter und der Menschen. Wir selber werden uns unter dem Wort Himmel an das kosmische Universum mit seinen bekannten, sowie den noch zu erforschenden Strahlungen halten.

Damit das zu Erforschende möglichst gut eingeordnet und assimiliert werden kann, ist es notwendig, vorerst kurz zu erläutern, was *Geobiologie* ist, welche Methoden sie anwendet, um dieses alte brachliegende Gebiet wieder aufleben zu lassen.

Der Korb von Messmethoden enthält reproduzierbare, objektive Verfahren, wobei die subjektiven Aspekte ebenfalls ihren Platz finden. Beide ergänzen und überprüfen sich gegenseitig. Dabei leisten die physikalischen Messgeräte gute Dienste; die gewonnenen objektiven Resultate wurden oft auf glückliche Weise durch die radiästhetischen ergänzt.

Es gibt sichere Wegweiser und trügerische; fruchtbare Entdeckungen und sterile...

Ein grosser Teil der erfühlbaren Wirklichkeit entgeht jeder verstandesmässigen Überlegung. Indes schon ein kleiner Lichtstrahl genügt, um eine Kettenreaktion hervorzurufen – ähnlich

Unter allen Breitengraden ist die terrestrische Strahlung durch die Schlange oder den Drachen symbolisiert.

Hier eine chinesische Allegorie.

einer scharfbegrenzten Lichtquelle, die auf einen Kristall gerichtet ist, der dann seinerseits der Reihe nach die andern Seitenflächen erhellt.

Es wäre sicher weise, vor jedem weiteren Schritt in eine neue Forschung, besonders als Beobachter des Unsichtbaren, sich der Haltung Epikurs zu erinnern, der die Philosophie der universellen Ungewissheit lehrte:
«Nichts bekräftigen – nichts bestreiten».

Bei uns, an der Oberfläche und an den Rändern einer unterirdischen Wasserader, versuchen die Bäume die aggressive Zone zu flüchten und wachsen schräg.

II. GEO: ERDE, IHR EINFLUSS AUF DAS LEBEN

1. EIN WENIG GEOBIOLOGIE

Die Geobiologie befasst sich mit dem Einfluss der Erde auf alles was lebt: auf den Menschen, das Tier und die Pflanze.

Unsere Erde ist den kosmischen und aussergalaktischen Strahlungen ausgesetzt. Sie absorbiert nicht nur die Licht- und Infrarotstrahlen, sondern auch Mikrowellen, die aus den Räumen jenseits der Milchstrasse stammen.

Diese elektromagnetischen Wellen liegen im Giga-Hertz-Bereich. Zur Auffrischung: ein Giga-Hertz entspricht einer Milliarde Schwingungen pro Sekunde.

Unsere Mutter Erde ist ein lebender Körper, dessen Topographie man auf den menschlichen Körper übertragen kann. Das gilt besonders für das Gebiet der Akupunktur. Man findet in beiden Fällen bevorzugte Zonen, Stellen angereichter Energie, wie auch die Meridiane, welche den Weg des Strahlenflusses anzeigen und den terrestrischen Strahlen entsprechen. Von den Kraftorten der Erde zweigen Energieströme in ein bestimmtes Sekundärnetz ab, entsprechend der Sekundärmeridiane beim Menschen. Damit nähert man sich gewissen Schulen, nach welchen diese Energien von unten nach oben fliessen.

Die Geobiologie spricht von *Geo*-pathogener Durchdringung der Zellen, die chinesische Akupunktur von *Cosmo*-pathogener. Räumt man ein, dass die terrestrischen Strahlen eine Folge der kosmischen sind, so drücken beide Aussagen dasselbe aus. Eine andere Analogie zwischen der Akupunktur und der Geobiologie besteht darin, dass die terrestrischen Meridiane denselben Gesetzen der Bipolarität, der Zyklen und der Systematik folgen. Bei der Topographie des menschlichen Körpers, wie bei derjenigen der Erde, ist das, was für eine Seite gültig ist, ebenso gültig für die andere; bei der Erde sind die Energieströme der beiden Hemisphären auch symmetrisch.

Fotografische Endrös-Aufnahme der Mikrowellenstrahlung über einen Grundwasserlauf bei völliger Dunkelheit.

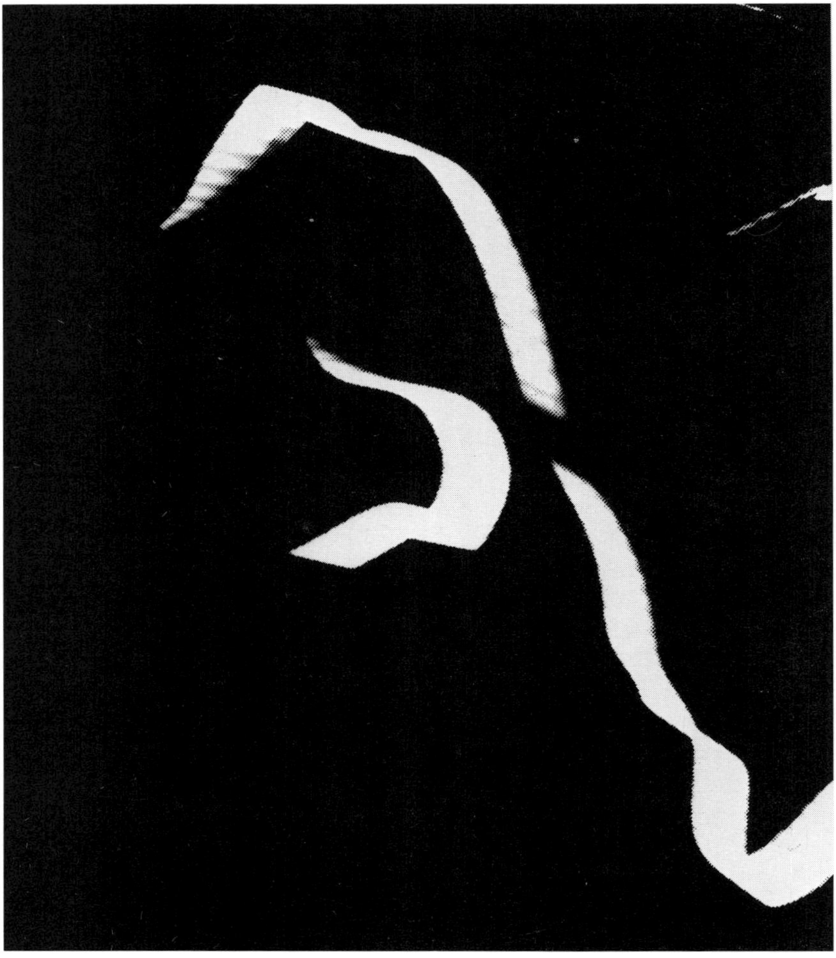

Auf einem bretonischen Dolmen findet man das Erdmagnetfeld eingraviert, das dem bekannten Spektrum magnetischer Kräfte entspricht. Erstaunlicherweise stimmen die Kraftlinien im kleinen mit unserm Fingerabdruck überein.

Eine Relation zur Geobiologie hat ein sino-vietnamesischer Text, der die Energie an den Knotenpunkten bei Erde und Mensch als «perverse» Energie bezeichnet, die eine Störung in den physiologischen Funktionen bewirkt.

Somit stimmen der Orient wie der Okzident darin überein, dass ein Kraftpunkt der Erdrinde wie eine energetische, konzentrierte und konstante Mechanik auf den Standort wirkt, sei es in förderndem oder schädigendem Sinn.

Die beiden Tendenzen können manchmal plötzlich in einen rasch pulsierenden Rhythmus übergehen.

Das Globalnetzgitter nach Dr. Hartmann, das später beschrieben wird, findet bei den alten Chinesen seine Entsprechung im Yin und Yang. Kurz gesagt ist Yin eine kalte und in der Aktion langsame Energie; es ist dem Winter zugeordnet, der Feuchtigkeit und führt zu Krämpfen und Rheumatismus aller Art. Yin entspricht dem Nordsüd-Reizstreifen.

Yang seinerseits ist eine trockene und warme Energie mit rascher Aktion. Sein Stichwort ist «Feuer», in seinem Bereich liegen die Entzündungen. Yang entspricht in der Geobiologie dem Ostwest-Reizstreifen.

Die Tatsache darf nicht ausseracht gelassen werden, dass ein Kraftort – ob positiv oder negativ – ein dynamischer Ort ist, der dem Rhythmus des Tages und der Jahreszeiten folgt.

Die kosmisch-terrestrische Strahlung ist wechselwirksam und beeinflusst die belebte Materie; dieselbe braucht einige Sekunden bis einige Stunden, um eine molekulare Mutation zu bewirken. Mit den Tagen und Jahren kommen dann die betroffenen Zellen aus ihrem Gleichgewicht.

2. DIE ENTDECKUNG EINES NICHT UNBEDEUTENDEN NETZ- ODER RAUMGITTERS

Seit uralter Zeit hatten unsere Vorfahren Kenntnis von Strahlungen, die aus der Erde kommen. Heute besteht manchmal ein Begriffswirrwarr, man ordnet dem Begriff Erdstrahlen alles mögliche zu: den Einfluss des unterirdischen Wassers, die geologischen Verwerfungen oder eine Naturgasader – oder man wirft in den gleichen Korb Radioaktivität und Erdmagnetismus, sodass man oft zurecht die vieldeutigen Begriffe insgesamt verwirft.

Seit dem Zweiten Weltkrieg bekam diese Art Forschung einen Ansporn dank der Entdeckung eines sogenannten Netz- oder Raumgitters durch den berühmt gewordenen deutschen Arzt Dr. Ernst HARTMANN. Dieses Raumgitter, auch Globalnetz genannt, befindet sich als dreidimensionales Netz rund um den Erdball. Aufgrund der Forschungen dieses grossen Pioniers ist es möglich geworden, einen weiteren Schritt vorwärts zu kommen und dadurch bestimmte Vorgänge besser zu erfassen. Die Geobiologie trägt besonders dazu bei, die Grundkenntnisse der Präventivmedizin zu erweitern, aber auch mit Erfolg ein neues Element in die Ätiologie, d. h. die Lehre von den Krankheits-Ursachen – zu bringen ** 1).

Erwähnen wir kurz, dass dieses Globalgitter nach Dr. Hartmann aus einer Ausstrahlung von unsichtbaren Reizstreifen besteht. Diese sind für sensible Menschen erfühlbar, aber physikalisch nur teilweise nachweisbar.

In der Nordsüd-Richtung findet sich alle zwei Meter solch eine Strahlung, in der Ostwest-Richtung alle zwei Meter fünfzig. Dieses nicht unbedeutende Raumgitter, das sich über die ganze Erdkugel ausbreitet, ist normalerweise von festen Abmessungen. Die Strahlungsebenen verlaufen vertikal und reichen bis in grosse Höhen. Das einzelne Feld im Netzgitter zeigt sich als Rechteck; im Innern desselben befindet sich eine neutrale Zone mit ungestörtem Mikroklima. Die Stärke der Strahlungswände misst 21 cm. Sie durchdringen alles auf der Erdoberfläche, auch die Bauwerke.

Anlässlich einer Geobiologie-Tagung kam unerwartet die Andeutung, dass die Dimensionen des Netzgitters den mathematischen Wurzeln der Cheops-Pyramide entsprechen. **2)

Sehr lockend, eine verborgene Berechnung im latenten Zustand in der Stunde der modernen Weltforschung an den Tag zu bringen. Darüber streitet sich der Zufall, an den niemand glauben will. Schlussendlich dreht es sich einmal mehr um Zahlentheorien, denn die Originalmasse von Cheops sind noch nicht einwandfrei festgelegt worden. Mit den drei bekannten alten Masseinheiten erhält man drei verschiedene Resultate.

Sehr gestörter Schlafplatz auf geopathogener Zone. Zusammentreffen von einer Netzgitterkreuzung H, einer Verwerfung und eines unterirdischen Wasserlaufes.

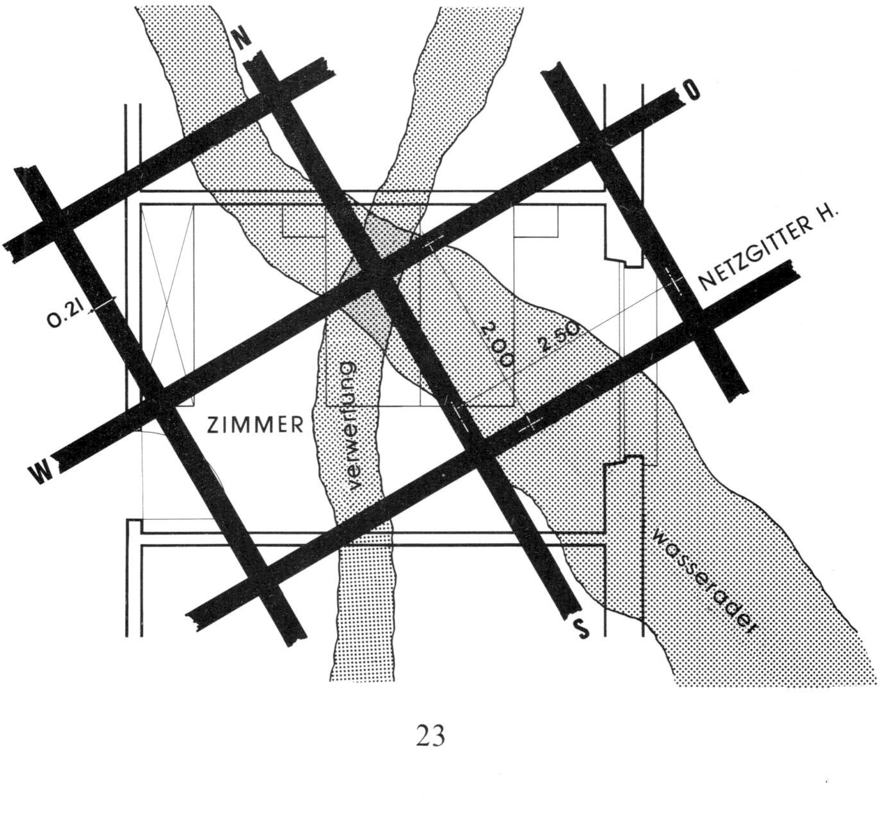

Zurück zum Raumgitter Hartmann: wo sich zwei Reizstreifen kreuzen, befindet sich oft eine geopathogene Stelle, die eine grosse Bedeutung für die Gesundheit hat. Sie kann auch auslösende Ursache für eine chronische Krankheit sein. Es ist darum empfehlenswert, sich nicht längere Zeit an solch einer Stelle aufzuhalten. Dies gilt besonders für den Arbeitsplatz und die Schlafstelle; die letztere ist von grosser Wichtigkeit, weil der physische Körper stundenlang am gleichen Ort liegt; die Einwirkung des Bodens soll in der Nacht stärker sein, und im Schlaf soll die Eigenabwehr des Menschen ungefähr um dreiviertel seiner Abwehrkräfte schwächer sein als im wachen Zustand.

In der letzten Dekade entdeckte immer wieder ein Jemand seinerseits ein zusätzliches System mit neuen diagonalen oder horizontalen Kraftlinien, wovon viele nicht nach dem Erdmagnetfeld ausgerichtet sind. Deren geopathogene Wirkung wird ebenfalls ernsthaft studiert. Im deutschsprachigen Raum wird das Diagonal- oder Currynetz viel erwähnt. Da dieses in andern Gebieten auch verschiedene ortsbedingte Abweichungen in Richtung und Abstand zwischen den Reizstreifen aufweist, ist eine entsprechende Klärung abzuwarten. Leider geben sich einige Interessenten der Geobiologie als Experten aus, finden in Häusern einen solchen Wirrwarr von Reizstreifen mit dem eindeutigen Zweck, ein Entstörungsgerät zu verkaufen, was einer sorgfältigen Forschungsarbeit auf unfaire Weise schadet.

Um all diese Phänomene besser erfassen zu können, kann man nicht umhin, auch nahestehende Fachgebiete einzubeziehen, wie die Geophysik, die Geologie, die Hydrologie, ja die Mikrobiologie und die Bioelektronik.

Die Geobiologie studiert ebenfalls die Wirkung des Wassers auf die Gesundheit und die chronische Müdigkeit, da das Untergrundwasser als Verstärker des Netzgitters Hartmann wirkt. Die positiven Aspekte des Wassers werden selbstverständlich nicht vergessen, als Lebensquelle, als Mittel zur äusseren und inneren Reinigung und zur Regenerierung. Die Rückkehr zu den Quellen jeder Art ist das Leitmotiv, um sich wirklich in einem Potential subtiler und tief eindringender Energien zu erneuern.

In Indien ist Wasser dem Prâna gleichgestellt, das Lebensatem bedeutet. Für den Nomaden wäre das Fehlen des Wassers der Tod

– wie übrigens auch für uns! Betrachten wir daher den Regen nicht mit schlechter Laune, er bedeutet auch Segen.

3. DAS WOHLBEFINDEN UND DIE WOHNUNG

Seit alters ist bekannt, dass Wasser unter einem Hause – sei es in Form einer Wasserader oder eines Grundwassersees – beim Menschen eine grössere Dauermüdigkeit bewirkt. Oft stellt man ein vorzeitiges Altern und einen Verlust an Vitalität fest.

Diese geologischen Anomalien sind an der Oberfläche der Erde messbar. An den Rändern der Wasseradern ist ein höheres, elektrochemisches Potential als in der Mitte. Andere Messmethoden zeigen eine Abschwächung der Strahlung der thermischen Neutronen, deren Ursprung tief im Erdinnern liegt.

Dieses letztere gehört in das Gebiet der Kernphysik.

Andere Feststellungen werden durch Ionisationsvorgänge erklärt; der Wärmeverlust über dem Wasserlauf ist mit Infrarot erfassbar.

Um den Einfluss und die Wirkung terrestrischer Einflüsse auf den Menschen zu beweisen, wird das *Georhythmogramm* nach Dr. Hartmann benützt, das jederzeit reproduzierbar ist. Es wird der Hautwiderstand gemessen mit einem Ohmmeter und zwei Elektroden, die in den Händen gehalten werden. Der zeitliche Verlauf in Kilo-Ohm gibt an, ob ein Mensch an einem gegebenen Standort ungünstig belastet wird oder nicht. Auch die Bluttest-Methode gemäss Dr. Aschoff ist in diesen Forschungswegen einzubeziehen.

Die *Geo-Kanzerologie* hat schon eine immense Zahl von Fallbeschreibungen zusammengetragen: die fatale Störung bleibt nicht aus, wenn das Bett auf einer Gitterkreuzung H, mit Untergrundwasser kombiniert, steht. Auf einer geopathogenen Stelle ermüden die Zellen oder vermehren sich übermässig als Folge ihrer Abwehr.

Dr. Hartmann hat festgestellt: bei einem Patienten, dessen Bett so gestellt ist, dass die Zone des Magens auf einer Gitterkreuzung liegt, tritt ein grosser Mangel an Magensäure auf.

Ohne hier allzuviele Fälle aufzugreifen, sollen doch zwei erwähnt werden: der Herzinfarkt-Kandidat und das Kind, das nicht schlafen kann. Wie oft ist festgestellt worden, dass der Arbeitsplatz des Herzinfarkt-Patienten sich auf einer Gitterkreuzung H befand, dass auch seine Schlafstätte eine Gitterkreuzung aufwies, die auf die Herzgegend ausstrahlte. Die Beispiele von solch «Auserwählten», besonders zwischen 37 und 42 Jahren, fehlen nicht: die Behauptung es sei der Stress allein hat einen breiten Rücken.

Und dann sind die spektakulären Fälle von Kindern, welche trotz verschriebener Schlafmittel an Schlafstörungen leiden; von dem Augenblick an, da ihr kleines Bett in eine neutrale Zone verschoben wurde, schlafen sie ruhig und gedeihen. Für das Problemkind, das sein Bett nässt, bedeutet es nach dem Standortwechsel des Bettes das Ende des Alpdruckes und es wird wieder selbstsicher.

Wo das Wasser durch Kapillarwirkung in die Mauern aufsteigt, sind auch meist die Bäume der nahen Umgebung mit Moos, Flechten und Larven bedeckt... auf den Menschen übertragen: schleichende Erkrankungen wie Rheumatismus und Verkrampfungen aller Art. Wenn auch Grundwasser unter einem Haus zu meiden ist, wird dagegen ein offener Bach in der Nachbarschaft die elektrischen Ladungen aus der Umgebung zum Wohle der Bewohner ableiten.

Da wäre nun ein ganzes Kapitel über gesundes Bauen anzufügen; es sei hier jedoch auf die entsprechende Spezialliteratur verwiesen. Die Hauptsache ist, sich in einem Bau nicht abkapseln zu lassen, wie zum Beispiel in einem künstlich klimatisierten Raum, einem unbiologischen Ghetto.

Wenn der behandelnde Arzt die Erkenntnisse der Geobiologie berücksichtigt, sind kaum mehr Rückfälle festzustellen; die Behandlung ist in 70% der Fälle von Erfolg gekrönt. Dies sind Faktoren, die die Versicherungsgesellschaften nicht gleichgültig lassen sollten, sowie alle, die über die Kostenexplosion im Gesundheitswesen klagen!

Wir sind Millionen empfindlicher Wesen.

Der Ort der Erholung und Stille – der kleine persönliche Kraftort – sollte das Schlafzimmer sein. Der Standort des Bettes spielt eine erstrangige Rolle, es ist dies ein Parameter, der nicht vernachlässigt werden darf. Denn hier muss sich der physische und mentale Körper für den morgigen Tag erneuern können. Dieses Bett wird Symbol sein für die Regenerierung im Schlaf und in der Liebe. Es ist ja im allgemeinen das Bett, welches das menschliche Wesen bei seiner Geburt empfängt und welches seinen letzten Atemzug mitanhört.

4. DAS NETZGITTER H, EIN WETTER- UND ERDBEBENANZEIGER

Der Körper der Erde signalisiert seine innerlichen Beben, und die Auswirkungen der energetischen Dynamik variieren je nach den Rythmen des Tages und der Jahreszeiten und auch je nach dem Spiel der Sterne.

Meteorologie: 24 Stunden vor einem atmosphärischen Tief konstatiert man häufig auf einer Gitterkreuzung H eine Zunahme der Gammastrahlung um 100%, auf vulkanischem Boden sogar um 300%. Diese konzentrierte Radioaktivität schiesst mit lautloser Heftigkeit aus solchen Punkten, so dass die Personen, die bereits ohne es zu wissen durch diese Stelle sensibilisiert worden sind, plötzlich eine starke Verschlechterung ihrer Leiden verspüren. Liegt der Kopf auf einer solchen Kreuzung, zeigt sich die Wirkung ebenfalls als psychisches Tief. Die vielen traurigen Fälle belegen, dass dies immer der Zeitpunkt einer Krise, manchmal sogar des Selbstmordes ist.

Auch vor einem Gewitter ist der Mensch mehr und mehr «geladen», bis zu dem Zeitpunkt, da der Regen zu fallen beginnt. Vor dem Gewitter erhöhen sich die Frequenzen der «Spherics» des elektrischen Feldes der Atmosphäre bis zu 50 kHz. Mit dem Regen fällt die Feldstärke von ± 4000 Vm (Volt pro Meter) plötzlich auf 500 bis 50 Vm; dadurch wird die Überbelastung positiver Ionen behoben. Zum Vergleich: bei schönem Wetter beträgt die Feldstärke etwa 100 Vm.

Es ist interessant zu wissen, dass ein Blitz meistens einen Durchmesser von ca. einem Meter hat.

Merkwürdig ist, wie unterschiedlich Menschen weisser und schwarzer Rasse auf das Herannahen eines Gewitters reagieren. Ein Versuch in einem licht- und lärmdichten Raum sollte es mittels des Georhythmogrammes mit automatischer Aufzeichnung an den Tag bringen. Mit zusätzlich verbundenen Augen sassen die beiden Versuchspersonen auf ihren Plätzen. Der Afrikaner reagierte auf jeden Blitzschlag mit einem schockartigen Reflex, selbst als das Gewitter noch weit entfernt war; auch die Frösche hatten gleichartige Muskelreflexe. Der Weisse jedoch blieb ruhig; wir Weissen sind eher unempfindlich gegenüber all den grossen und doch nicht in die Augen springenden Naturerscheinungen wie Eruptionen auf der Sonne, magnetischen Gewittern, Anzeichen eines Vulkanausbruches usw.

Europa schätzt es, dass in der deutschen Stadt Essen ein Informationszentrum für Ärzte besteht, die sich über die Wetterfaktoren genau informieren wollen. Dort werden auch die Wechselwirkungen Wetter-Mensch im Rahmen der Bio-Meteorologie untersucht.

Schwankungen der Radioaktivität

Dr. Hartmann misst seit mehreren Jahren, Tag und Nacht, gleichzeitig in neutraler Zone und auf Kreuzungspunkten Wetterfaktoren und Strahlungen. Es zeigt sich unter anderem, dass gegen Ende des Nachmittags, gegen fünf Uhr, die natürliche Radioaktivität der Erde abnimmt. Parallel dazu hat das Max-Planck-Institut im Rahmen der biophysikalischen Forschung festgestellt, dass Mikrowellen einen starken Einfluss auf das Blut und auf lebendes Gewebe ausüben; daraus resultiert ein Verlust des energetischen Potentials, ja sogar eine Depolarisation.

Ist dies nicht die Tagesstunde, zu welcher Menschen infolge dieses Verlustes eine plötzliche Müdigkeit verspüren und instinktiv nach einem Stimulans greifen – dem Kaffee, der Zigarette... Entspricht der Brauch des berühmten Five o'clock tea nicht einem natürlichen Bedürfnis, dem Tief um fünf Uhr entgegenzuwirken?

Auf unseren Breitengraden zeigt der Geiger-Müller-Zähler in der neutralen Zone des Netzgitters, eine natürliche Radioaktivität von 20 Mikro-Röntgen per Stunde an. Auf den Kreuzungspunkten nimmt sie gegenüber der neutralen Zone im Mittel um 30% zu. Über keltischen Gräbern und über Höhlen mit mumifizierten Tieren erhöht sich die Radioaktivität um 30 bis 40%. An den Orten der Kraft, von denen wir sprechen, ist die Radioaktivität auf den Kreuzungspunkten bis 50% höher. Ortsbedingt können jedoch Abweichungen der Werte auch auf neutraler Zone auftreten.

Erdbeben-Voraussage

Dank der Entdeckung des Hartmannschen Raumgitters ist es möglich, 12 Stunden im voraus ein bedeutendes Erdbeben anzukündigen. Seine Lokalisierung ist jedoch heute noch nicht möglich.

In diesem Zusammenhang sei daran erinnert, dass ein Reizstreifen H eine Breite von 21 cm aufweist. Wenn in der Tiefe der Erde sich Bewegungen und Verzerrungen vorbereiten, stellt man an der Oberfläche vor dem Freiwerden der Spannung fest, dass der einzelne Reizstreifen sich verdreifacht hat. Eine Hypothese nimmt an, dass der genannte Reizstreifen H zu beiden Seiten von je einem sekundären Streifen von geringerer Intensität begleitet wird; diese beiden sind bei ruhiger Erde nicht feststellbar. Wenn sich ein Beben vorbereitet, erreichen sie dieselbe Intensität wie der Primärstreifen.

Ist es nicht diese Anomalie, die die Tiere verspüren und bei ihnen verschiedene Reaktionen auslösen? Tiere flüchten, Hunde heulen, Vögel flattern beunruhigt in den Käfigen, manche Katzen flüchten sogar unter die Bettdecke, Rinder und Pferde weigern sich, in den Stall gesperrt zu werden – und sensitive Menschen empfinden ein Unwohlsein oder haben plötzlich ein grosses Schlafbedürfnis. Wir alle sind mehr oder weniger empfindliche Antennen, relativ einfache Empfänger.

Während eines Erdbebens schlägt das Raumgitter H an Ort und Stelle einen wahren Purzelbaum. Die Reizstreifen sind verbogen und abgelenkt, jedoch nach einer halben Stunde hat das ganze System seine ursprüngliche Form wieder gefunden. Der Erdkörper hat sein tellurisches Nervensystem analog dem menschlichen Körper – indes der Mensch nach einem starken Nervenschock – wieviel mehr Zeit braucht er für seine Erholung!

Die Vorhersage eines Erdbebens, auf diesem Wege, ist nur gültig, wenn es sich um eine natürliche seismische Störung der Erde, die durch alle ihre Poren atmet, handelt. Das ist so zu verstehen, dass das Raumgitter H erlaubt, zwischen einem natürlichen Erdbeben und einer vom Menschen erdachten, künstlich verursachten Katastrophe zu unterscheiden. Leider gibt es widersinnige unterirdische Kernversuche, die das Raumgitter sogar während mehreren Tagen zum Schaukeln bringen. In diesen Fällen wird uns die Natur keine Vorwarnung zukommen lassen, das Nervennetz der Erde kündigt nicht zum voraus an, was ein Verbrecher im geheimen ausgeheckt hat.

5. METHODEN, DIE ORTE DER KRAFT ZU UNTERSUCHEN

Beim Erforschen der Beziehung Erde-Mensch – ja Erde-Mensch-Kosmos – an den sogenannten Orten der Kraft hat das terrestrische Raumgitter uns unerwartete Situationen offenbart, welche bestätigen, dass man sich hier nicht mehr auf einer gewöhnlichen Stätte befindet.

Anfänglich glaubten wir, uns auf die moderne, ausgeklügelte Messtechnik stützen zu können, wie es sich für objektiv denkende Technokraten gehört. Der rationalistische Geobiologe benützt je nach Fall die verschiedensten Geräte: Hochfrequenzdetektor, Oszillograph, UKW-Empfänger mit Feldstärkeanzeige, Protonenresonanz-Magnetometer, Ohmmeter, Geiger-Müller-Zähler, Elektrofiltrationsapparat, Scintillationszähler, Infrarot Spektrometer und andere zerbrechliche Erfindungen dieser Art.

Indessen erlaubt der Respekt, der den sakralen Orten gebührt, kaum ihre Anwendung. So bleiben letztlich drei Methoden zur Verfügung:

- der Geiger-Müller-Zähler für die Bestimmung der Radioaktivität,
- die Vertikalrute für das Auffinden des Raumgitters H und
- das Biometer, bzw. die Skala von Bovis, für die Messung der energetischen Intensität des Ortes.

Diese beiden letzten Methoden sind wohl subjektiv, wurden aber von anerkannten Forschern zu diesem Zweck als unentbehrlich erklärt.

Intermezzo:

Sag mir, Herbert, du als anerkannter Physiker in deinem Land, während wieviel Jahren hast du jegliche subjektive Methode bekämpft, um heute anzuerkennen, dass das menschliche Wesen das perfekteste Messinstrument ist, dass unzählige Apparate von hoher Empfindlichkeit erfunden werden müssten, um nur annähernd die Kapazität dieser Wundercomputer, wie sie unsere zwei zerebralen Hemisphären darstellen, zu erreichen.

Grösste Aufmerksamkeit ist jedoch der Interpretation eines Resultates zu schenken, auch da wo die Mechanik eines Gerätes die sogenannte subjektive Messung auf perfekte Weise überschneiden sollte.

So haben wir die Kühnheit gehabt, die Radiästhesie miteinzubeziehen, obwohl gewisse Instanzen sie nur mit respektvoller Verachtung tolerieren. Aber wie gesagt, diese Methode hat den Vorteil, die sakralen Orte diskret untersuchen zu können. Die Definition des Wortes Radiästhesie kommt vom lateinischen «Radius» – Strahl und vom griechischen «Aisthesis» – Sensation (Empfindung).

Mit den oben erwähnten Messmethoden war ein Trio gegeben, die Orte der Kraft anzugehen.

Zum Biometer: Es ist eine von dem Physiker Bovis geschaffene Skala und von dem Ingenieur Simoneton weiter zum Biometer ausgebaute Methode, wobei mittels des radiästhetischen Pendels die Intensität der Strahlung eines Ortes abgelesen werden kann. Der Skala sind die aus der Physik bekannten Wellenlängen von elektromagnetischen Wellen zugrunde gelegt. Die Wellenlänge, zum Beispiel, der roten Strahlung misst rund 6500 A°. Ein Ängström (A°) entspricht dem Zehnmillionstel Millimeter. Andere Forscher zogen als Masseinheit die Frequenz in Gigahertz vor. Wir werden von dieser physikalischen Terminologie absehen und als Mass den Begriff Bovis-Einheiten oder kurz Einheiten benützen. Diese Einheiten sind sozusagen Wirkungseinheiten.

Die Kathedrale von Chartres war es, die das Startsignal auslöste und uns überraschte, weil dort die Zahl der

Wirkungseinheiten die bis anhin bekannten Normen überstieg. Dieser erste Markstein war das Eichmass für alle andern vergleichenden Orte in Indien, Aegypten, in Santiago de Compostela und auf einem Hochplateau im Himalaya.

Somit hat sich eine neue Pforte für die geobiologische Information geöffnet; diese bestätigt, dass sich diese Orte der Kraft nicht durch... grossen Zufall an dieser oder jener Stelle befinden.

6. DIE DREI DIMENSIONEN DES BIOMETERS

Damit eine grössere Klarheit über die Werte des Biometers von Bovis herrscht, ist es notwendig, sich an eine ganz bestimmte Terminologie zu halten. Dies ist nicht ganz leicht, denn die im Überfluss vorhandene PSI-Literatur der letzten Jahre stiftet immer wieder neu Begriffsverwirrungen.

Die Kenntnis der universellen Gesetze, die wir zu verstehen suchen, greift weit in die Antike zurück. Der heutige Mensch, obwohl er vom Ansturm der Informatik betroffen wird, ist reif geworden, die Existenz des Nichtgreifbaren anzunehmen.

Was eine klarere von allen anerkannte und auch verwendete Terminologie anbetrifft, streiten wir uns immer noch wie kleine Kinder. Als Beispiel dazu möge das oft verschieden definierte Wort «Aura» dienen. Es wird je nach Autor kreuz und quer für verschiedene Bedeutungen verwendet. Es wäre wünschenswert, dass diese Aura, ein leuchtender Schimmer, nicht mit der Ausstrahlung des «energetischen» oder «ätherischen» Körpers verwechselt wird. Letzteren haben wir im Rahmen der Messungen der zweiten Dimension des Biometers zugeteilt.

Mit der Klärung durch die wissenschaftlichen Entwicklungen von morgen wird ohne Zweifel diese alte subjektive Technik mehr und mehr geläutert; aber trotz aller Perfektion der zukünftigen Instrumente wird der intuitive Mensch das Zentrum, der Initiator, das denkende Element bleiben müssen.

Für unsere Messungen sind die folgenden drei Dimensionen im Biometer enthalten:

Sektor 1 das *Physische* von 0 bis 10 000 Einheiten gibt die Intensität der Strahlung des Ortes an, sowie die Vibration, die physisch erfühlt wird und ihre Auswirkung auf den Menschen hat.
Mit der zweiten und dritten Dimension wird die Konzeption von Bovis überschritten.

Sektor 2 des Biometers erfasst den Bereich des *energetischen* oder *ätherischen* Körpers von 10 000 bis 13 500 Einheiten.

Sektor 3 des Biometers umfasst das *Spirituelle* und Esoterische; in den heiligen Stätten bis zu dem seltenen Punkt der Initiation, von 13 500 bis 18 000 Einheiten.

Sektor 4 des Biometers, über 18 000 Einheiten: da ist man auf der Schwelle zum Unbekannten; es war der aussergewöhnliche Fall von Compostela.

ENTWICKLUNG UND ANALYSE UNSERER METHODE:

1) Biometerskala 0 bis 10 000 Einheiten

Ein in seiner Strahlungsintensität ausgewogener Ort, ohne grössere Störungen aber auch ohne Energiezufuhr, ist ein neutraler Ort mit rund 6500 Einheiten.

Ein Ort mit Werten unter dieser Zahl weist eine geschwächte Strahlungsintensität auf und kann für Mensch, Tier und Pflanze schädlich sein.

Auf einer Kreuzung des Raumgitters Hartmann fällt der Wert im allgemeinen auf 2000 Einheiten.

Wird die Wirkung des Ortes verbessert – sei es indem man die allfälligen Störungen eliminiert oder die Schwingung verändert, sollte der beste Wert von 7000 bis 8000 Einheiten erreicht werden.

Der Wert von 9000 Einheiten ist auf die Dauer für den Menschen zu hoch. Das Georhythmogramm zeigt in diesem Falle ein sehr unruhiges Bild.

Auch jeder einzelne Mensch weist eine bestimmte Vitalstrahlung auf. Die Norm beträgt 6500 Einheiten. Mit 7000 und 8000 würde er seine volle Vitalität besitzen.

Leider zeigt die Übersicht, die bis jetzt gewonnen wurde, dass ein grosser Teil der Menschheit sich nicht der vollen Vitalität erfreut! Misst die Vitalstrahlung beim Menschen unter 3000 Einheiten, ist er krank; bei nur 1000 steht er mit einem Fuss im Grab.

Diese erste Kategorie des Biometers bezieht sich sowohl auf den Ort wie auf den physischen Körper, also auf die feste Materie. Für den Ort gibt sie die kosmo-terrestrische Aktivität an und für den Menschen die Energie seines physischen Körpers, Träger des ätherischen und spirituellen Körpers.

2) Biometerskala 10 000 bis 13 500 Einheiten

Das ist der Bereich der Qualität des energetischen oder ätherischen Körpers. Er umhüllt den physischen Körper, ist jedoch mit blossem Auge nicht wahrnehmbar. Es braucht zu seiner Sichtbarmachung die Kirliantechnik. Diese hebt den energetischen Körper durch leuchtende Farben, von der blauen bis zur scharlachroten Abstrahlung, hervor. Je nachdem die Testperson gesund oder leidend ist, wird es in der Färbung und in der Intensität Abstufungen geben.

Und da ist es, wo irrtümlicherweise gewisse Leute glauben die Aura zu sehen; jene Strahlung ist also mit dem energetischen Körper nicht zu verwechseln. Derselbe hat eine Strahlenlänge von 1 bis 3 cm. Er liegt dem physischen Körper eng an, ist gewissermassen sein transparentes Doppel. Die sowjetischen Forscher sprechen in diesem Fall von einer dematerialisierten Form des organischen Plasmas. Sie nennen es Bioplasma.

Die Kirlian-Photographie oder ähnliche Techniken sind interessante zusätzliche Mittel, den Einfluss des Ortes auf den Menschen sichtbar zu machen. Die Resultate sind sehr verschieden, je nachdem es sich um einen Menschen handelt, der in einem Gebäude aus Stahl und Beton mit Klimatisierung oder in einem Haus aus Ziegelsteinen und Holz lebt. Es ist überflüssig hervorzuheben, welcher der beiden Bewohner der Natur näher steht.

Auch ist es überraschend daraus zu ersehen, in welchem Masse der Seelenzustand eines Menschen den ätherischen Körper beeinflusst. Dazu braucht man nur die Intensität und die

Luminosität dieses Körpers vor und nach einer Meditation zu vergleichen. Wer hätte das geglaubt...

Diese «zweite Haut» enthält Vitalität und Energie, die sie dem Körper in enger Wechselwirkung übermittelt; es ist ein gasähnliches Gewebe von Kraftlinien und Licht.

Die vitale Kraft in unsern Bewusstseinszentren, diese auch Chakras genannt, belebt den ätherischen Körper, der seinerseits wieder Energie an den physischen abgibt.

Energetischer und ätherischer Körper sind zwei Ausdrücke für die gleiche Realität.

So können gewisse Heilungen, bei denen nur der energetische Körper behandelt wurde, verständlich sein. Man schliesst die Breschen dieser ätherischen Hülle – der gute Zustand derselben wirkt auf die gestörte dichtere Materie, den Leib, der alsdann wie ein Automat gehorchen wird.

Die beiden Körper, der physische und der energetische, gehören zusammen, sind Eins, solange der Mensch inkarniert ist.

Beide sind sterblich, verschwinden nicht unbedingt zur gleichen Zeit! Beobachtungen auf diesem Gebiet anlässlich einer Trennung zwischen dem materiellen physischen Gefährt und dem energetischen Körper sind im letzten Kapitel erwähnt.

Dieser ätherische Körper ist die sensible Hülle, die alle geäusserten Lebensformen auffängt, die planetarischen, solaren und kosmischen. Alles ist miteinander verbunden.

So kann er diese Wechselwirkungen als Emotion, als Schmerz oder als Freude erleben. Diese Ströme werden sich in seinem Körper als Stimulans oder als Bremse oder auch als Blockierung auswirken und dazu wird deren Einfluss auf die Psyche übertragen.

Ein gestörter Standort kann ein bestehendes Übel noch verstärken, hingegen wird ein ausgeglichener Körper seine gesunden Reserven mobilisieren und auf seine Weise den Kampf gegen diese störende Einwirkung aufnehmen.

Im Rahmen der klassischen Medizin ist die Existenz und die Funktion des ätherischen Körpers noch nicht überall voll anerkannt. Gleichwohl schlägt sie auf dem pharmazeutischen Markt vitaminierte Produkte vor, um den Energiekreislauf und die Vitalität zu stärken. Immer wieder ist es die Wechselwirkung zwischen dem physischen und dem energetischen Körper, um einen Seinszustand zu erhellen.

Mit dieser zweiten Dimension auf der Bovisskala umfasst man die feinstofflichen Aspekte der Vitalität. Die Messungen, die sich auf den subtilen Körper beziehen, reichen in das Metaphysische hinein.

3) Biometerskala 13 500 bis 18 000 Einheiten

Um es zu wagen, diese dritte esoterische Dimension mit mentaler Konvention anzupeilen, muss man unbedingt gut eingeübt sein. Man befolgt denselben Rhythmus und dieselben Messprinzipien wie bei den vorangehenden mehr physischen Bereichen. Ja, wenn auch die materielle Zusammensetzung einer Kerze bekannt ist, ist es nicht ohne weiteres gegeben, eine Aussage über die Flamme machen zu können.

Diese dritte Dimension erlaubt, die Einwirkung eines Kraftortes auf den Menschen umfassender zu verstehen; das Kosmische und Spirituelle stützen sich auf die beiden vorangehenden Sockel des Physischen und Ätherischen. Letzterer wird zum metaphysischen Relais und zum Träger der Strömungen aus höheren Sphären.

Damit ein Kontakt mit einem sakralen Ort zustande kommt, ist es notwendig, sich von inneren Hemmnissen zu befreien und sich an das was man die Höhere Psyche nennen könnte, zu halten.

Das dürfte aber manchmal ein Kunststück sein...

Auf dem spezifischen Punkt eines geweihten Ortes, wo das Biometer eine der stärksten Intensitäten von 18 000 Einheiten angibt und nur ein Eingeweihter die Fähigkeit hat, mit dem Höheren geistig in Kontakt zu kommen – da wird der nicht vorgewarnte untrainierte Sterbliche riskieren, von den zu stark konzentrierten Vibrationen völlig erschüttert zu werden, und zwar in seinen drei oben beschriebenen Ebenen.

Diese Erfahrung kann aber auch zur Erleuchtung führen.

Das Nichtwissen ist kein Hindernis.

Für unsere Forscherreise zu den Kraftorten werden wir uns auf die Messungen dieser drei Körper beschränken. Die Übergelehrten, die eine Wertleiter von sieben Körpern aufgebaut haben, mögen beruhigt sein, es ist absichtlich so gewählt und genügt vollkommen für eine aufbauende Übersicht im Rahmen des Themas.

Somit wird auch der Astralkörper, der sich während des Schlafes gerne auf Wanderung begibt, hier nicht erwähnt; wir werden mehr erdverbunden mit dem skizzierten Gepäck jetzt einige Orte der Kraft aufsuchen.

III. ÄGYPTEN

1. LINIEN DER KRAFT

Zwischen dem breiten, grünen Wasserweg des Nils und der Unfruchtbarkeit der Wüste gibt es vom alten Aegypten her noch einige Orte der Kraft, welche es wert sind, mit den Augen der Geobiologie sozusagen durchleuchtet zu werden. Die Linien der Kraft werden aus ihrer Stille hervortreten. Man kann nur verblüfft dastehen ob des vielfältigen Wissens, das zu einem grossen Teil verloren gegangen ist.

Die berühmte Pyramide von Cheops wird heute allgemein als «Einweihungs-Pyramide» erkannt, wenn auch einige Reiseführer sich nicht sehr anstrengen und sie immer noch als Grabpyramide bezeichnen. Der vermeintliche Sarkophag in der Mitte des hohen Raumes (auch Königskammer genannt) konnte leicht zu einer irrtümlichen Interpretation führen – aber ein rechteckiger Trog von so kleinen Dimensionen kann keinesfalls einen menschlichen Körper aufnehmen, selbst wenn dieser wie in die initiale Form eines Embryo zusammengekauert wäre. Man darf annehmen, dass für den Kandidaten, der eingeweiht wird und nach schweren Prüfungen an diesen Ort gelangt, dieses Gefäss das letztendliche Sammelbecken der Lebenskräfte und der Metamorphose bedeutet. Er geht durch einen symbolischen Tod; auf die Erde zurückgekehrt, wird er sich von allen regressiven und negativen Kräften befreit fühlen. Von da an *ist* er nicht mehr dieser Körper, er *benützt* ihn. Nachdem er dem Tod ins Angesicht geblickt hat, wird er nicht mehr derselbe wie vorher sein. Er wird die Welt mit ganz andern Augen betrachten.

Der Held, dem die Möglichkeit gegeben wurde, solch einen Weg der Einweihung zu beschreiten, hatte, um an diese Stelle zu gelangen, durch einen schmalen, niedrigen und daher beengenden Gang zu gehen, wo man kriechen, sich bücken und sich auf sich selbst besinnen muss. Es ist eine Art sich aufzulösen, sich umzuwandeln, um eine höhere Dimension zu erreichen – gleich dem Getreidekorn in der Erde.

Man kann durch dieses Ritual und diese Möglichkeit «neu geboren zu werden» – das unsere Kirchen auf mentalem Weg verständlich machen wollen – etwas verwirrt sein. Es scheint wohl so zu sein, dass man immer etwas gänzlich aufgeben muss, um Neues erkennen zu können.

Oh, Du Pyramide von Cheops, ein Teil von Dir wurde abgetragen, Deine Blöcke dienten für den Bau der Moschee des Sultans Hassan in Kairo, jedoch ohne ihre besondere Polarität zu berücksichtigen. Wie gross war Deine Macht, als Du noch wie ein Magnet auf die initiierenden Kräfte des Landes einwirken konntest; wie einzig schön musste in der Morgendämmerung der Tag- und Nachtgleiche die Beleuchtung Deiner Wände sein, die dem Volk in weitem Umkreis das Zeichen für das Säen und Ernten gaben!

Die mystische Geographie des alten Ägypten entsprach den 14 Teilen des zerstückelten Körpers des Gottes «Osiris». Sie waren die 14 vitalen Zentren des Landes, seine immer noch heute bestehenden wirksamen Orte der Kraft. Wir werden hier die bekannten Zahlen und Berechnungen über die Drei-Einheit der Pyramiden – die ja in Spezialwerken ausführlich dargestellt sind – nicht untersuchen. Die geobiologischen Beobachtungen lehren, dass alle diese gigantischen Bauten der Pharaonen eines gemeinsam haben: das nach dem Erdmagnetfeld gerichtete Netzgitter nach Dr. Hartmann bildet symbolisch eine Wehrmauer von 18 Reizstreifen rund um die Bauten. Der Besucher, der diese durchschreitet, wird, wenn er dafür empfänglich ist, dies als Hemmung oder als unsichtbares Hindernis empfinden. Wenn er den Streifen längere Zeit folgt, wird er bald verspüren, wie seine

Die 18 Reizstreifen des Netzgitters H vor den grossen Tempeln und um die Pyramiden bilden eine unsichtbare Sperrlinie.

Beine immer schwerer werden, als ob sie am Boden haften wollten.

Diese Art Sperrlinie umgibt die Initiations-Pyramide von Cheops wie auch die Grabpyramiden. So zum Beispiel auch die Stufenpyramide von Sakkara, wo Ptha ruht, der Schutzpatron der Handwerker von Memphis. Das gleiche Phänomen findet sich rund um die berühmten Tempel von Luxor, Karnak, Theben und Kom Ombo, ebenso bei zwei Gräbern im Tal der Könige, hier jedoch mit weniger Reizstreifen: in dem einen ruht Narth, im anderen Chamuas, dessen Grab nur von sieben statt von achtzehn Streifen umfasst wird. Warum hier diese geringere Intensität? Liegt es an einer damaligen Formel in Zusammenhang mit dem Alter des Verstorbenen? Er starb zehnjährig. Oder könnte die Restaurierung, die von einer italienischen archäologischen Mission 1903 durchgeführt wurde, die Ursache sein?

Nach diesen Beobachtungen stellt sich die Frage, ob dort, wo ausserhalb des Gebäudes die Reizstreifen konzentriert vorhanden sind, solche im Innern fehlen. Tatsächlich ist es so. Das Raumgitter ist an die Ränder des Gebäudes verdrängt, das Innere erfreut sich einer von Reizstreifen freien Zone.

Die alten Tempel gliedern sich im Innern in mehrere weiträumige Säle, die durch imposante, bis zu zwei Meter dicke Mauern getrennt sind. Und siehe: Die grossen Durchgänge – die sehr breite Schwellen haben – weisen auf diesen sieben hemmende, nahe nebeneinander liegende Reizstreifen auf. Der unwissende Besucher wird dieselben ebensowenig verspüren wie den Lichtstrahl, der die modernen automatischen Türen sichert und öffnet.

Aber in den damaligen Zeiten, die diese majestätischen Spuren hinterlassen haben, trat der Mensch nicht wie wir sozusagen im Laufschritt über diese Schwellen. Der Durchgang lud zum Anhalten ein und zur Meditation, als Vorbereitung zur nächsten Stufe.

Die Zahl 7 erscheint immer wieder da, wo eine Konzentration von Linien der Kraft besteht; sei es in Aegypten oder andernorts wie in Chartres oder Santiago de Compostela. Zudem wird die Zahl 7 öfter erwähnt – sie schlägt die Brücke vom Bekannten zum Unbekannten. Ein Zyklus ist vollendet – auf zum nächsten!

Die Zahl 7 entspricht den sieben Tagen der Woche, den sieben Metallen, den sieben Regenbogenfarben und bis vor kurzem den sieben Planeten. Sieben Sterne bilden den Grossen Bären. Gemäss der Bibel träumte der Pharao von den sieben fetten und den sieben mageren Kühen. Um nicht zu weitschweifig zu werden, seien nur noch kurz erwähnt: Die sieben Türme von Mekka und die Kaaba, um welche der Pilger siebenmal wandelt; die sieben Arme des hebräischen Kerzenleuchters, der gewisse Vibrationen harmonisieren soll – und hin bis zu den sieben Graden der Vollkommenheit, die den Wandel vom Irdischen zum Himmlischen bedeuten. Diese Vorstellung ist im Totenbuch der alten Ägypter festgehalten.

Zwischen den breiten Schwellen sind immer 7 Reizstreifen H... der Durchgang lud zum Anhalten ein, als Vorbereitung zur nächsten Stufe.

Die meisten pharaonischen Tempel längs des Nils haben gewiss eine gemeinsame Sprache, indes entwickelt jeder individuell sein eigenes Thema.

In der beeindruckenden Atmosphäre des alten Ägyptens, auf den Spuren und an den Quellen der universellen Religion ist es interessant, die Wirkungen des Netzgitters H mit den Messergebnissen des Biometers zu vergleichen. Es ist dies eine neue Art, die Lebenswege der Pharaonen und der eingeweihten Priester zu verfolgen.

Lasst uns also unter dem Himmel Ägyptens voranschreiten, der durch den gebeugten Körper der Göttin Nuth dargestellt wird, deren Fingerspitzen die Erde berühren. Jeden Abend verschlingt sie die Sonne, um dieselbe am nächsten Morgen wieder neu auf die Welt zu bringen.

Wir unsererseits gehen vorsichtig auf den Fussspitzen...

2. UNGLÜCKLICHER STANDORTWECHSEL WEGEN DES DAMMES VON ASSUAN

Mehr und mehr kommen wir zur Überzeugung, dass der Standort dieser alten Tempel nicht willkürlich gewählt wurde. Wir stossen immer wieder auf das gleiche Indiz: die konzentrierten Reizstreifen ausserhalb und die neutrale Zone innerhalb der Tempel; jedoch nur dort, wo diese noch an ihrem ursprünglichen Standort stehen und nicht wegen des Dammes von Assuan verlegt worden sind. Wohl haben die sorgfältig abgebauten und an einem neuen Ort wieder aufgerichteten Bauwerke die sichtbare Architektur wieder erlangt – aber der Standort ist kein besonderer Ort der Kraft mehr.

Ein konkretes Beispiel dafür ist der Tempel der Göttin ISIS in Philae. Man rettete ihn vor den Wassern des Stausees, indem man ihn auf eine benachbarte Insel versetzte. Er ist dort Nord-Süd orientiert, während die Hauptfassaden aller andern Tempel nach Südosten gerichtet sind. Am neuen Standort findet man die 18 Schutzlinien nicht mehr. Das Netzgitter hat seine besondere Wirkung verloren.

Auf den Schwellen der inneren Durchgänge sind die sieben Reizstreifen verschwunden, die sich in allen andern Tempeln finden lassen. Nur die Statuen am Eingang haben ihre Wirkung beibehalten, diejenige rechts auf der positiven Seite mit 9000 und diejenige links auf der negativen Seite mit 2000 Biometer-Einheiten. Die Steinblöcke wurden beim Abbau sorgfältig nach Anordnung und Polarität markiert, und dennoch stellte der verantwortliche Ingenieur vor diesem fertigen monumentalen Puzzle ein wenig enttäuscht fest: «Er ist nicht mehr derselbe Tempel».

Ein neues Symbol der heutigen Zeit ist der gigantische Staudamm von Assuan, der einen See von 500 km Länge und 4 km Breite aufstaut, den Nasser- oder Assuansee. Seine Wasserverdunstung ist derart, dass der bisher leuchtendblaue Himmel einem beständig stark verschleierten weichen musste. Nicht auszumalen wäre die Katastrophe, zu der eine absichtliche Zerstörung des Dammes führen würde. Die 60 Meter hohe Kopfwelle hinterliesse auf tausend Kilometer Entfernung von ganz Ägypten nur den wieder zu seinem Rhythmus zurückkehrenden Nil und leere Wüste.

Neben diesem Riesen aus Beton döst, seit Jahrhunderten unverändert, das kleine Dorf unter einer mächtigen Sykomore, dem Baum des Lebens. Junge Frauen, denen ein Sozialdienst Verhütungspillen verteilte, reihen dieselben zu einer Halskette auf...

3. WER IST VERANTWORTLICH, DER ORT ODER DER ARCHITEKT?

Bis jetzt wurde die Frage offengelassen, ob die eingeweihten Konstrukteure für die Schaffung der grossen neutralen Zone im Innern des Bauwerkes einen Standort mit besonderer Netzgitter-Wirkung wählten oder ob sie es durch die sorgfältig berechnete Bauform bewirken konnten. Ägypten könnte dank der Verlegung einiger Tempel eine Antwort darauf geben. Wenn auch am neuen Standort die Konzentration von Reizstreifen nicht mehr zu finden ist, so hat sich dennoch zu unserem Erstaunen die neutrale Zone im Innern wieder eingestellt.

Dürfte man somit bejahen, dass die Formwellen und die Dimensionen des umbauten Raumes eine beachtenswerte Rolle spielen? Trägt hier nicht der Architekt heute wie gestern eine tiefgreifende Verantwortung?

Diese Überlegungen könnten die Konstrukteure von morgen dazu anregen, einen neuen faszinierenden Weg zur Schaffung harmonischer Bauten und Wohnräume zu beschreiten.

Ein alter Ägypter bestätigt, dass Architektur auch Philosophie ist. Wenn nicht, beschränkt sich die Konstruktion nur auf die Technik des Bauens.

Somit scheint es, dass ein besonders starker kosmo-tellurischer Standort die beiden Einflüsse, denjenigen des Standortes *und* denjenigen des umbauten Raumes, vereint.

Ein im Verhältnis zu den andern Dimensionen zu hoher Raum hat bereits eine ungünstige Wirkung auf seine Bewohner. Das zeigt sich in besonderen Räumen der Antike, die der Magie dienten, in denen man sich zermalmt, blockiert, verloren fühlt.

Merkwürdigerweise, und dies ohne Anspielung, findet man ähnliche, hohe disproportionierte Dimensionen in einer gewissen «Hohen Kammer», dem berühmten Saal des Ständerates in Bern.

Um bei den Form-Emissionen zu bleiben: Jedwelche materielle Stütze ist Trägerin einer subtileren Form, entsprechend dem Bild des menschlichen Körpers. In den Tempeln sollen es die Säulen sein, die das Bewusstsein des Ortes unterstützen. Die viereckige Plattform symbolisiert das Wissen, die runde Säule deutet die Liebe an. Ist das nicht eine ideale Vernunftehe...

Neue interdisziplinäre Optionen bereiten sich vor und sind auf dem Wege, in die höheren Schulen aufgenommen zu werden. Das Rad der Entwicklung hat jedoch seine eigenen Rhythmen und kann sich auch manchmal eigensinnig nach rückwärts drehen.

Es ist interessant, der Geschichte zu entnehmen, dass Imhotep, von den alten Ägyptern zum Gott der Medizin erhoben, wirklich gelebt hatte und zwei Funktionen erfüllte: er war am Hof des Königs Zoser der dritten Dynastie – also vor ungefähr 3000 Jahren v.Chr. – gleichzeitig Arzt und Architekt.

Worauf warten wir noch, um eine wirkliche Wissenschaft des Wohnens und des Arbeitsplatzes zu entwickeln, welche dem Menschen und den Gesetzen der Natur näherstehen würde?

Wie wird die Antwort auf die Titelfrage sein – wer verantwortlich sei, der Ort oder der Architekt – oder mit andern Worten: Was ist entscheidend, der Ort oder das Bauwerk?

In der Tat sind es beide!

4. IHRE ZIEGELSTEINE WAREN NICHT UNBELEBT

Der Ziegelstein war das Element, das die nomadisierenden Sippen sesshaft werden liess; ohne Zweifel besassen die archaischen Bauten qualitativ hohe «Vibrationen». Heute sind die gleichen Ziegelsteine sozusagen in ein starres, statisches Gefüge eingeschlossen, so dass jeder lebensbringende Austausch ersticken muss. Von dem Zeitpunkt an, da man mehrstöckig zu bauen begann, ist der Mensch freiwillig in eine Art Käfig eingesperrt. Da wo man heute diesbezüglich übertreibt, beginnt man doch, die Missachtung der menschlichen Würde zu kritisieren.

Um die monumentalen, noch heute bewunderungswürdigen Bauten Ägyptens errichten zu können, musste man vom Ziegelstein zum Steinblock übergehen. Es waren ausgewählte Blöcke aus den inneren Schichten des Steinbruchs – nie aus den äusseren, welche der Verwitterung ausgesetzt waren.

Im Ritual des Fundamentierens der Tempel spielte die Polarisation der Steinblöcke und der Ziegelsteine eine wichtige Rolle. Die Sorgfalt bei der Wahl der Polarität begann schon im Steinbruch. Es wurden sehr alte Vorschriften und Inspirationen befolgt. Der rohe Stein wurde als Zwitter betrachtet. Zugehauen hingegen trennen sich die Prinzipien.

In den Tempeln waren die Steine derart verlegt, dass die positive Polarität (+) nach der Aussenseite zu liegen kam und die negative (–) gegen das Innere zu. Ohne Zweifel bewirkt diese Anordnung eine natürliche Neutralisation der Störfaktoren aus der Umwelt.

Man weiss doch gar nichts, könnte der Ungebildete sagen; indes brachten die Ägypter die positive Polarität in Zusammenhang mit dem Norden, dem Westen, der roten Farbe, dem Herbst und der Trockenheit; die negative Polarität mit dem Süden, dem Osten, der weissen Farbe, dem Sonnenaufgang und dem Frühling.

Und mehr noch, das Datum für den Beginn der Bauarbeiten wurde nicht dem Zufall überlassen. Die Bauleute berücksichtigten die Position der Sternbilder und befragten das heilige Buch der Baukunst, um den günstigsten Tag für die Grundsteinlegung zu bestimmen. Die Prinzipien der kosmischen Harmonie bestimmten sogar das Material und den Steinbruch, aus dem dasselbe herausgeholt werden sollte.

Die Konstrukteure hatten ein Gefühl für die Wirkungen der Steine. Sie betrachteten die Strahlung eines einzelnen Steines als schwach, wussten aber, dass ihre Anhäufung an ganz speziell gewählten Orten zu einer starken kollektiven Kraft wird, untrennbar mit dem Genius des Ortes verbunden.

Heute noch findet man solche Steinblöcke und Ziegelsteine, die diese beiden Polaritäten aufweisen und die für den Bau der Häuser auf dem Lande dienen. Diese Ziegelsteine sind handgefertigt und werden im eigenen Ofen neben dem Hause gebrannt. Wissen diese Bauern noch, sie richtig zu verwenden und sie wie ihre Vorfahren nach der Polarität zu setzen? Es gibt Feinheiten, die von der Industrie nicht verlangt werden können. Für eine individuelle Anwendung wäre jedoch das Zurückgreifen auf jene Methoden ein Fortschritt und eine willkommene Bereicherung unserer Baugewohnheiten.

Dank der geologischen Struktur Ägyptens, seines roten Granites, wird der sogar unaufmerksame Besucher eine stimulierende Energie verspüren, die bis zu 9000 Bovis-Einheiten misst. Dies besonders in Oberägypten, wo die Granitmasse die Erdoberfläche erreicht.

5. TEMPEL DES MENSCHEN, ZUSAMMENSPIEL

Der Tempel Amenophis' des Dritten in Luxor weist einen ganz besonderen Grundriss auf. Gemäss Schwaller de Lubicz ist dieser nach dem Skelett eines Menschen gegliedert, weshalb der

Der Eingang zum «Tempel des Menschen» in Luxor, wie er sich für den heutigen Besucher zeigt. ▶

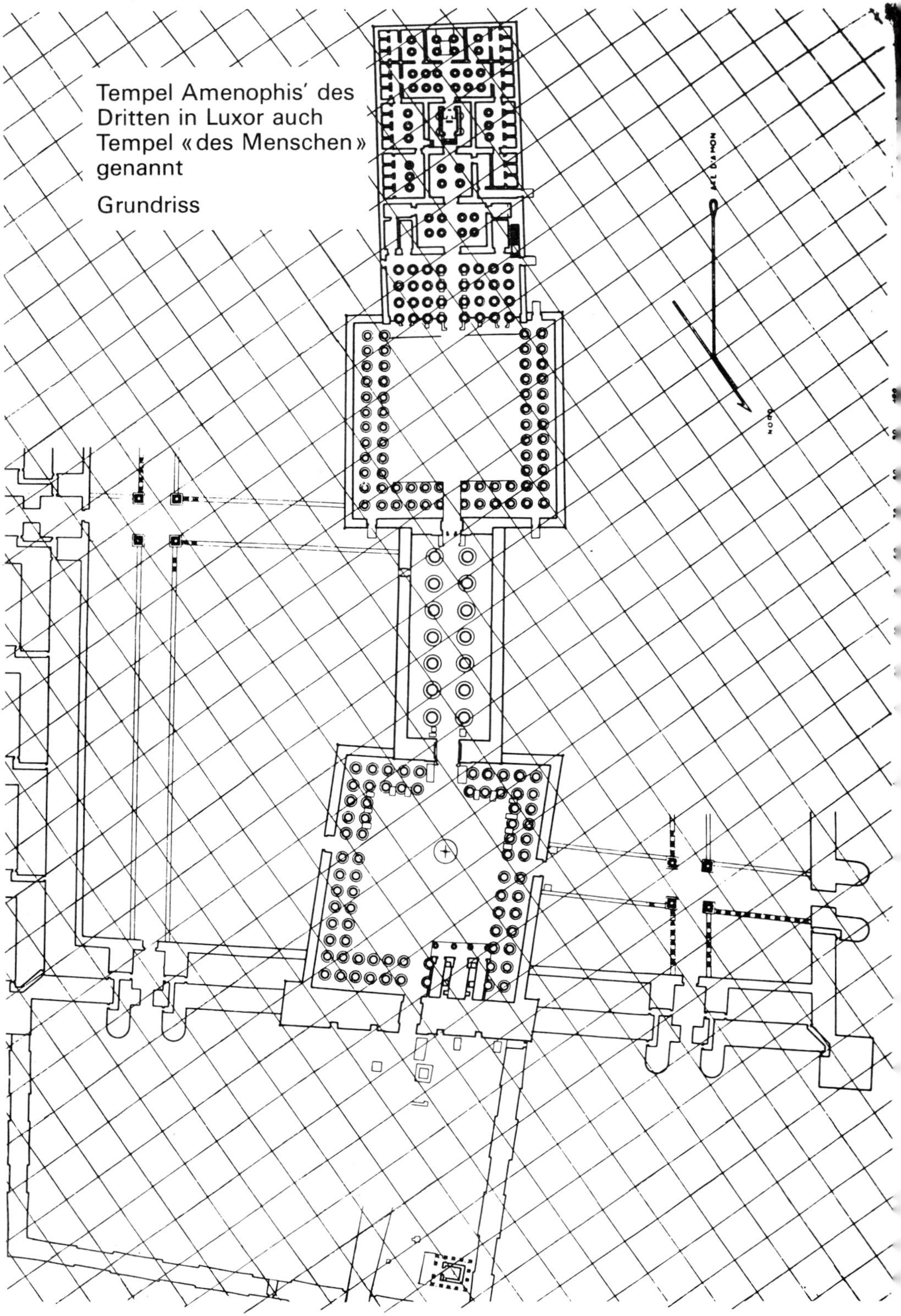

Tempel Amenophis' des Dritten in Luxor auch Tempel «des Menschen» genannt

Grundriss

Anpassung an den Tempel des Menschen in Luxor

durch R. A. Schwaller de Lubicz

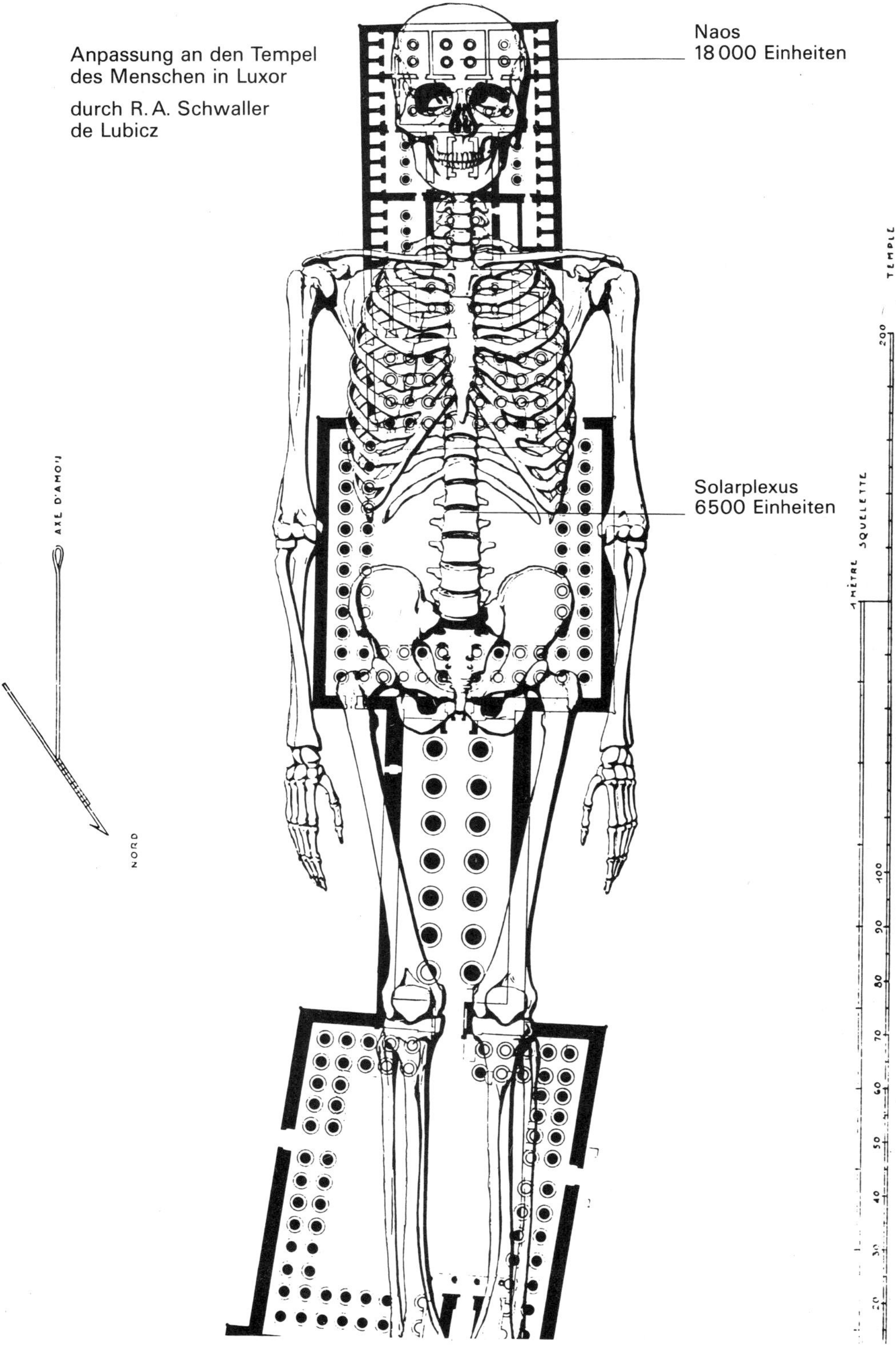

Tempel auch Tempel des Menschen genannt wird. Er steht an einem heiligen Ort. Der Körper selbst ist der Tempel, eine Stätte göttlicher Aktivität. An diesen vergleichbaren Strukturen interessiert, sollte man die Intensitäten des Ortes speziell unter die Lupe nehmen.

Die Strahlung in den einzelnen Abschnitten des Tempels entspricht genau derjenigen der einzelnen Körperteile. Zum Vergleich zwei Messungen: Im Zentrum des Tempels zeigt das Biometer 6500 Einheiten an, die genau mit den Vibrationen über dem Sonnengeflecht des Menschen übereinstimmen. Auf der Höhe der Stirne, an der Stelle des «dritten Auges», dem höchsten sakralen Ort *Naos* genannt, misst man zur grossen Überraschung 18 000 Einheiten. Das ist der höchste konkret messbare Wert, er weist auf das rein geistige Gebiet hin. Das ist der Ort jenseits des Physischen und Ätherischen. Der zuletzt genannte Standort war nur für den Pharao und die höchsten Priester bestimmt. Noch heute erlaubt die hohe Vibration ein längeres Verweilen an diesem Orte nicht. Sie ist für den untrainierten Besucher unerträglich. Es darf nicht vergessen sein, dass die Eingeweihten erst nach einer langen Vorbereitung an diesen Ort gelangten. Sie wurden schrittweise an immer stärkere Vibrationen gewöhnt, damit sie dann bewusst die göttlichen Vibrationen empfinden und ertragen konnten. Es war ein langsames Schreiten, das in einem strengen Ritual durch den Tempelkörper bis zur allerheiligsten Stätte führte.

Man darf sich nicht wundern, wenn sich unser physischer Körper ohne jegliche Vorbereitung an solch einem Ort der Kraft in seiner Haut nicht wohl fühlt.

6. HATHORS LIEBESLIEDER SIND ENTSCHWUNDEN

Die sichtbarste Manifestation einer schon in alten Zeiten angewandten Geobiologie ist in Dendera, im Tempel der Hathor, der Göttin der Liebe – im alten Griechenland bekannt unter dem Namen Aphrodite – zu finden. An diesem ägyptischen Kraftort wird jede Seite des Tempels von je einem Wasserlauf begleitet. Je zwei kreuzen sich nahe der vier Ecken. Sie sind derart genau geführt, dass es sich keinesfalls um ein natürliches Phänomen handeln kann, sondern um einen gewollten Plan. Das Schema – die Kreuzung von Kraftflüssen und die Kraft der Kreuzung – ist nicht nur in der Geobiologie zu finden, sondern im gesamten pharaonischen Denken, aufgebaut auf jenem universellen Prinzip, sei es in der Mathematik oder der Medizin.

Der Tempel der Hathor hat die Eigenheit, dass auf der einen Seite desselben zwei Wasseradern in Richtung des geheiligten Sees fliessen. Diese künstlichen Seen wurden in der Nähe der Tempel als sogenannte «Wasserhimmel» angelegt. An ihren Ufern spielten sich die nächtlichen Mysterien ab, und in dem Wasser führten die Priester die reinigenden Rituale durch.

Die beiden andern Wasserläufe fliessen auf der entgegengesetzten Seite des Tempels unter einem kleinen Steintor von nur 4 m^2 Fläche durch, wobei in beiden Richtungen 2 × 7 Reizstreifen eng nebeneinander liegen. Sie sind derart zusammengedrängt, dass sie die Wirkung eines Menhirs erreichen. Diese geophysikalische Konzentration ist von einer solchen Gewalt, dass der nichtsahnend hier weilende Besucher von einem plötzlichen undefinierbaren Unbehagen befallen wird, vielleicht auch instinktiv schnellstens diesen Ort verlässt.

An den ägyptischen Kraftorten existieren mehrere solche, genau feststellbare aggressive Punkte. Sind sie einmal entdeckt, kann man lächelnd den schlendernden Touristen beobachten, der an den genannten Standorten unruhig wird, sich beengt fühlt, ja sogar in Ohnmacht fällt. Man hüte sich vor dem Vorurteil, diese Erscheinungen der Zauberei oder dem bösen Auge zuzuschreiben. Wir stützen uns auf andere Parameter.

Erinnern wir daran, dass dieser grosse Tempel der Hathor rundum von 18 Netzgitterstreifen eingerahmt ist.

In nächster Nähe steht der kleine Geburtstempel der Isis. Unter ihrer Sonnenscheibe an der Decke misst die Vibration 10 000 Einheiten, während unter der Sonnenscheibe der Hathor dieselben auf 16 000 steigen, was zeigt, dass diese mit grosser Machtfülle ausgestattet war.

In derselben Umgebung befindet sich ein anderer kleiner Tempel, in dem die Frauen mit dem Segen der Göttin Beth niederkamen. Hier gibt es nichts besonderes, der Raum ist geobiologisch ohne Sang und Klang.

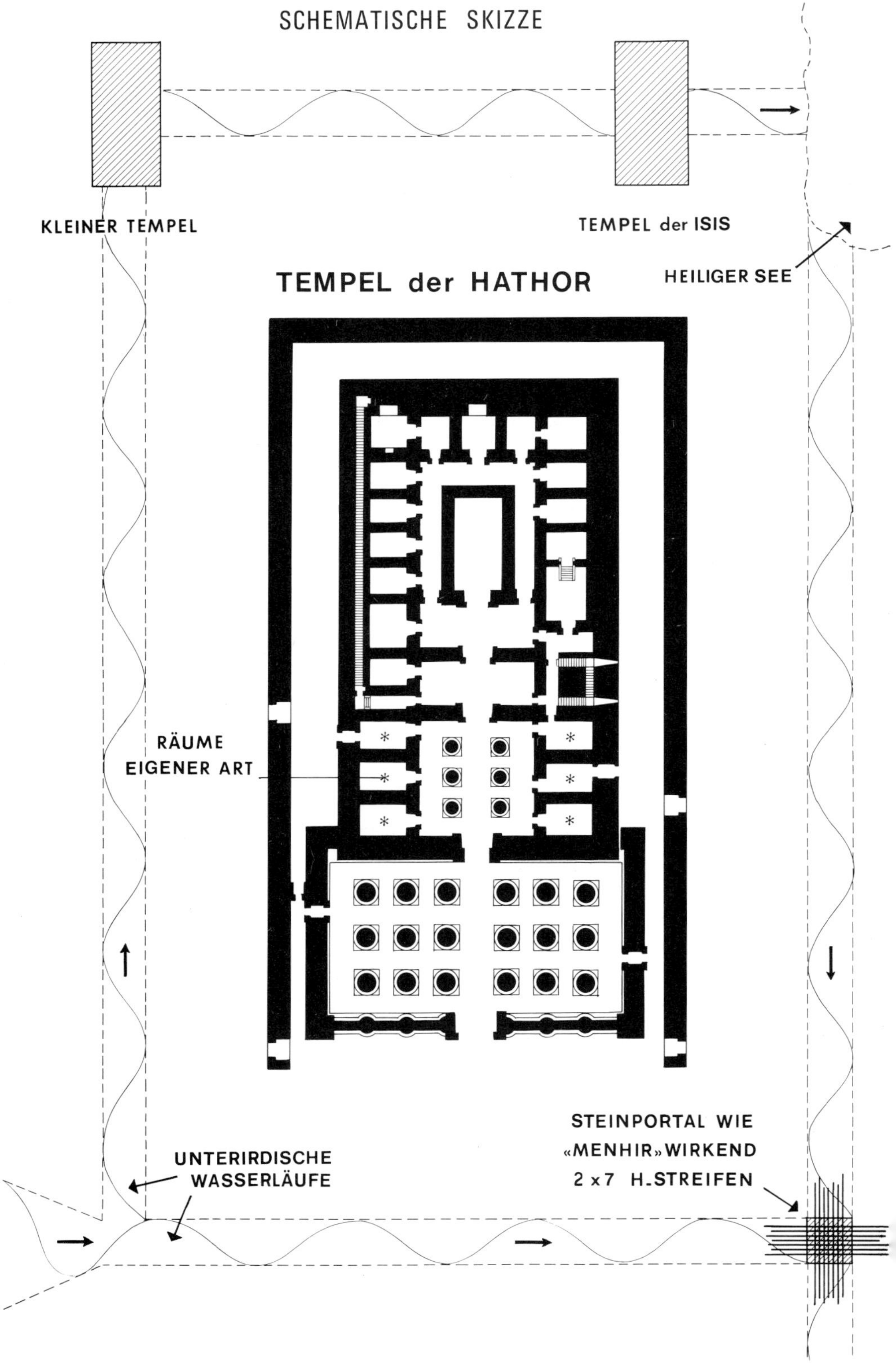
SCHEMATISCHE SKIZZE
KLEINER TEMPEL
TEMPEL der ISIS
HEILIGER SEE
TEMPEL der HATHOR
RÄUME
EIGENER ART
STEINPORTAL WIE
«MENHIR» WIRKEND
2 x 7 H.STREIFEN
UNTERIRDISCHE
WASSERLÄUFE

Im allgemeinen sind in Dendera die Energien zum grössten Teil noch vorhanden. Die ehemaligen Klänge der Liebeslieder sind jedoch entschwunden.

Magie in den Seitenkapellen

An den beiden Längsseiten des Tempels gibt es je drei Räume, die ohne Zweifel der Magie gedient haben; eine gleichartige Anordnung befindet sich auch in Abydos.

So konstatiert man nach einer gewissen Aufenthaltszeit in diesen Räumen, dass diese Atmosphäre besonderer Art von uns körperlich aufgenommen wird. Wer einen kühlen Kopf behält, kann beobachten, dass seine Gedankenfolge verwirrt wird. In diesen Räumen ist das Netzgitter nach allen Richtungen erschreckend engmaschig und das Biometer gibt weniger als 1000 Einheiten an – genau wie vor der Statue der Göttin Sekmet; das ist die Vibration des Übergangs zum Tor des Todes oder ins Nichts.

Wer es bezweifelt, kann versuchen, solange wie möglich an diesem Orte auszuharren. Man fühlt sich wie von einer unsichtbaren Präsenz überschattet, das die Klarheit des Denkens zu vernebeln versucht, einem in einen niedrigen Astralzustand herabzieht und desorientiert.

Ein Einheimischer würde nie einen Fuss in diesen Raum setzen, er wird höchstens am Eingang mit einem seltsamen Blick voller Angst und Missbilligung stehen bleiben.

Wenn solche Seelenzustände einzig und allein schon durch die Kraft des Ortes und der Formwellen hervorgerufen werden, ist es kaum vorstellbar, was zusätzlich das menschliche Wesen im Höhepunkt der Rituale erleben konnte! An diesen Stätten zeigt das Biometer eindrucksvolle Sprünge: entweder gibt es Orte mit Werten von 11000 Einheiten, die den Eindruck von Schwerelosigkeit vermitteln oder Räume, die der Magie gedient haben; in den letzteren wirken Wandmalereien. Geben wir hier ein konkretes Beispiel:

Vor einem Vogel, der die Seele darstellt, fällt die Vibration auf 1000 Einheiten, um dann vor einem Gefäss, über welches eine magische Hand eine Schlange in dieses eintaucht, auf unerträgliche 20000 anzusteigen. Diese Dekorationen stellen die *Neters* dar: Dies sind die Prinzipien, die Naturmächte der ägyptischen Kosmogonie. Hier spielen die physikalischen Gesetze, wie wir sie heute kennen, keine bestimmende Rolle mehr.

Die Kraft, die diesen Orten eingeprägt ist, scheint durch die Jahrhunderte erhalten zu sein.

7. VERGÄNGLICHE GESTALTEN

Ein Spaziergang längs der grossen Allee von Sphinxen, die seinerzeit Karnak mit Luxor lückenlos verbunden hat, wirkt wohltuend auf den ganzen Körper. Es gibt solche Plätze und Gegenstände – auch Bäume – welche spezifische Formenergien aussenden, die mit unseren eigenen Zellen in Resonanz treten können.

Diese breite Allee von stolzen Sphinx-Widderköpfen lädt einen Menschen, allein schon durch sein einmaliges Abschreiten hin und zurück, mit vitaler Kraft auf. Man stellt fest, dass sich die Plus-Polaritäten vorne beim Kopf der Sphinx befinden, also in Richtung der ankommenden Besucher. Das Biometer bestätigt eine der höchsten physischen Vibrationen von 9500 Einheiten. Dazu wirkt eine Emission auf den energetischen Körper ein und auch da gelangt man auf das maximal Erträgliche von 13 500 Einheiten. Die Gläubigen mussten sich langsam und konzentriert zum Tempel von Luxor begeben, um sich von diesen Ausstrahlungen durchdringen und harmonisieren zu lassen.

Auch uns brächte es etwas mehr, wenn wir ebenso handelten...

Vergessen wir nicht die grosse Sphinx von Giseh, die seit Jahrhunderten mit ihrem rätselhaften Blick Sonnenaufgang um Sonnenaufgang betrachtet. Sie muss unter ihrem warmen Leib die Geheimnisse der Menschheit oder den verborgenen Sinn des Wissens bergen. Sie ist ein mächtiger Wächter, der zweifellos umwälzende Entdeckungen verspricht, wenn die Zeit reif geworden ist, den geheimen Zugang zu finden. Gegenwärtig liegen unter ihren starren Augen die Vibrationen zwischen den bekannten 8000 und 13 500 Bovis-Einheiten. Sie ist also noch von *dieser* Welt.

ÄGYPTEN

In Tell el Amarna lebte wohl eine der grössten Gestalten in der Geschichte der Menschheit. Dort ist die Wiege, die Quelle der ersten universalen Religion, wo Echnaton, jener Pharao der 18. Dynastie, schon vor 3500 Jahren den Deus Unicus proklamierte, den einzigen Gott. In jener Wüste ist der Tempel des Echnaton in den Berg gehauen. An diesem Ort der Kraft wird der sensibilisierte Mensch ein Bildnis der goldenen Sonne finden, von der jeder Strahl in eine Hand ausmündet, die das Leben und das Licht überbringt – da wird er unter diesen Händen die wohltuende und ruhige Energie von 8000 Einheiten finden. Je nach dem Grad seiner persönlichen Entwicklung wird der moderne Mensch dessen mehr oder weniger bewusst werden.

Am damaligen Standort des Priesters findet sich die gleiche Vibration wie an demjenigen des Priesters in der Kathedrale von Chartres, das heisst 11 000 Einheiten. Echnaton glorifizierte die Sonne, die Ausstrahlung des Schöpfers des Universums und die Lebensfreude. Fünfzehn Jahrhunderte vor Christus wurde schon der erste Schrei für eine einzige Religion auf dem Niveau eines einzigartigen Bewusstseins ausgestossen. Die heutige Menschheit versucht diese gleiche Sprache wieder zu sprechen. Dies ist ja auch das Bild, das Teilhard de Chardin gemäss dem Symbol der Pyramide gab, dass verschiedene Wege zu *einem* Gipfel führen.

Durch die Evangelien sind wir Leser einer Bibliothek, welche vom Judaismus inspiriert ist; jeder bleibt noch in seiner individuellen Glaubensform gefangen, obwohl in der göttlichen Realität kein Unterschied zwischen Gott und Allah gemacht wird.

Echnatons Inspiratorin war die schöne Nofretete, von der wenig gesprochen wird, deren Charme und Vornehmheit jedoch die Jahrhunderte überlebt haben. Dieses Gesicht ist dank der zahlreichen Künstler, die dessen Züge unsterblich machten, unvergänglich geworden.

Der universelle Dialog für die Einheit wird weiter geführt. Wenn auch das Bild der Götter des alten Ägypten verblichen ist, vergessen wir nicht, dass dieses alte Land des Nils den Pionier dieser Botschaft hervorgebracht hat.

Die Erkenntnis jedoch kommt im Geiste des Menschen sehr langsam voran...

8. KLEINES SPIELBRETT FÜR SYMBOLE

Wer hat gesagt: Wenn du die wirkliche Freude kosten und den Weg der Wahrheit finden willst, wähle ein tiefgründiges Symbol, das dir gefällt; schmücke dein Zimmer nach deinem Geschmack, schliesse dich darin ein und meditiere?

Das Symbol wird dadurch zum Träger einer Botschaft. Das bedeutet, etwas Unbekanntes zu erleben.

Das Symbol wird dann lebendig, wenn das menschliche Wesen mit ihm in Beziehung tritt, wenn eine Resonanz zustande kommt. Die modernen Symbole in der Stunde des Bedürfnisses treten in Funktion, um eine Gruppe, eine Gesellschaft, eine Epoche in eine Art Erregung zu versetzen.

Die hieroglyphischen Texte und die pharaonischen Skulpturen sind reich an Symbolen und man würde gerne durch deren Maske dringen. Das Symbol kann wohl eingemeisselt oder eingraviert werden, es lässt sich aber nicht durch Worte erklären – es ist das Symbol, welches spricht. Unsere Tendenz, es erläutern zu wollen, wird zum Hindernis für unsere individuelle Hellhörigkeit.

Das Symbol KA ist sehr oft an Grabwänden zu finden, es zeigt zwei erhobene Arme, die nach gewissen Interpretationen unser Doppel darstellen, denn der Orient betrachtet den Körper als eine Projektion des Geistes.

Seine Vibrationen messen 13 500 Einheiten und erreichen den ätherisch-energetischen Körper; es ist das Annehmen einer integrierten Präsenz, eine übertragene Gebetsform zu jeder Zeit gegenwärtig. Für viele Menschen wird der Geist noch zu sehr als etwas Abstraktes betrachtet, als ob er vom Körper getrennt wäre.

Aus kosmo-tellurischer Sicht drückt das Symbol allgemein eine Beziehung Erde-Himmel aus. Wir haben es hier mit einer Bipolarität zu tun und mit einer Vermittlerfunktion. Jeder Ort der Kraft ist eine mögliche Plattform für neuartige Wahrnehmungen.

Das Symbol ANKH hingegen bedeutet Lebensschlüssel; es beschränkt sich mit 9000 Einheiten auf die Vibrationen der materiellen Welt. Seine Form ist das Henkelkreuz, die perfekte

Allegorie dessen, das weder Anfang noch Ende hat, also wesentlich auf die aufeinanderfolgenden Reinkarnationen hinweist. In der Hand einer Gottheit oder eines Eingeweihten bedeutet dieser Schlüssel, dass sein Träger das universelle Wissen besitzt, dass er weiss, aus welchen Quellen er schöpfen kann. Wenn sich dieser Lebensschlüssel auf der Stirne des Eingeweihten befindet, kennt er die Mysterien, ist aber zur Verschwiegenheit verpflichtet.

Das Zeichen des Lebensschlüssels bedeckt in Reihen fast ganze Wände; es ist eingegliedert in die pharaonischen Texte, die reich an Beispielen der Litanei sind und die durch ihre Wiederholung – gleich einem Mantra – eine magische Rolle spielen. Der Lebensschlüssel hat in der ägyptischen Ikonographie eine bedeutende Rolle. Alles bezieht sich auf das Leben auf der Erde und auf das Leben nach dem Leben. Eine gewisse zeitgenössische Literatur verführt leicht zum Glauben, dass diese Feststellungen erst heute – fast als Neuheit – entdeckt worden wären.

Zurück zu den Pharaonen, auf deren Stirn sich die berühmte Kobra, URÄUS-Schlange genannt, befindet. Die mächtigste sitzt auf der Stirn Tut-ench-Amons. In Augenhöhe der Kobra sind die stärksten Vibrationen zu finden, 8000 Einheiten auf physischer und 13 500 auf ätherisch-energetischer Ebene. Aber auch die dritte Dimension tritt ins Spiel, die mit 18 000 Einheiten seiner Initiation zuzuschreiben ist, sodass man annehmen darf, dass ihm eine hohe Spiritualität eigen war.

Diese letzteren Vibrationen, deren Charakteristik noch unbekannt ist, dürften nicht an die Zeit gebunden sein. Sind es unzerstörbare Partikel eines kosmischen Gedächtnisses, die die Fähigkeit hätten, mit unseren Bewusstseinszentren oder Chakras in Beziehung zu treten?

Uräus symbolisiert das vitale Fluidum, ist aber auch fähig, Tödliches auszuspucken – doppelter Aspekt eines allmächtigen Hauches! Die geheiligten Texte sagen, dass diese Kobra als Feuerträgerin in der Hand des Menschen, diesem die Macht überträgt. Es entspricht dem temperamentvollen Fluidum des Kundalini der Hindu. Die Ausstrahlungen von der Stirne des

Pharaos sind mit dem durchdringenden Blick – gleich einem Kraftstrahl – bestimmter Persönlichkeiten auf den authentischen Ikonen zu vergleichen. In beiden Fällen gibt das Biometer ein Maximum der nun bekannten 18 000 Einheiten an.

Wie viele kostbare Meisterwerke des alten Ägypten haben wegen religiöser Intoleranz unzählige Verstümmelungen über sich ergehen lassen müssen.

Die Uräus-Schlange auf der Stirn des Pharao. Die maximalen Vibrationen finden sich auf den drei Ebenen.

Aber sind nicht die schwersten kollektiven Verbrechen immer im Namen irgend eines Glaubens begangen worden?

9. EINE LAUTLOSE PROJEKTION

Was soll man von gewissen Statuen denken, die uns Energie abgeben aber auch ausgiebig nehmen können?

Jedermann kann eine Affinität mit den Dingen und Wesen entwickeln. Dieses Phänomen der Harmonie ist schwerlich zu beschreiben. Es ist vielleicht wie bei der Musik, deren Wirkung auf das Gemüt nicht in Worte gefasst werden kann; oder es ist wie beim Blinden, der das Licht der Sonne wohl nicht sieht, aber dessen Wärme wahrnimmt.

Wenden wir uns jetzt Oberägypten zu, dem Doppeltempel von Kom Ombo. Im sakralen Innern ist das Spiel der Polarität durch zwei Skulpturen angedeutet, von welchen leider nur noch Fragmente vorhanden sind. Die Messungen werden jedoch dadurch nicht beeinträchtigt, weil die Stelen sich immer noch am ursprünglichen Ort befinden. So haben wir auf der einen Seite den Gott *Horus* mit 12 000 Einheiten. Es ist die positive Seite, Yang, der Flügel, der Himmel.

Das Gegengewicht bildet auf der andern Seite *Sobek,* das Krokodil, die negative Seite, das Kriechende, Yin, unter Wasser oder unter dem Boden, dessen Einheiten unvermittelt auf 1000 fallen.

Der positive Horus sitzt auf einer Konzentration von mehreren Reiztreifen, die sich in seinem Zentrum kreuzen; damit nimmt er den Charakter eines Menhirs an, der eine Energie ausstrahlt, welche einen Menschen in wenigen Minuten energetisch aufladen kann. Der negative Sobek hingegen wird von zahlreichen Reizstreifen umrahmt, was dem Bild eines Dolmen entspricht. Der gestresste Mensch täte gut, ihn für seine eigene Entladung zu wählen. In beiden Fällen ist es wichtig, seine Ergänzung zu kennen, um das Gleichgewicht wieder herzustellen. Gleichartige Wirkungen kann man an vielen sakralen Statuen erproben; sie sind materielle Trägerinnen und Vermittlerinnen einer tausendjährigen Kraft, die noch immer gegenwärtig ist.

Muss man sich da noch wundern, wenn die Einheimischen vor der Statue der *Sekmet,* die wegen ihrer schrecklichen Rache berüchtigt ist, Angst haben. Tatsächlich ist ihre Vibration eine der tiefsten, 1000 Einheiten. Es ist interessant zu beobachten, wie furchtsam, ja abgestossen, Personen in einem weiten Bogen vor ihr ausweichen.

Unterscheiden muss man unter den verschiedenen Vibrationen, die technischen Schwingungen, die rein materiellen von denjenigen aus dem esoterischen Bereich, vor allem dort, wo es möglich ist zu beweisen, dass die Phantasie gar gerne mitspielt.

Horus. – Yang mit 12 000 Einheiten; entspricht einem Menhir.
Die Reizstreifen sind konzentriert und kreuzen sich im Zentrum.

Sobek. – Yin mit nur 1000 Einheiten; entspricht einem Dolmen. Die Reizstreifen sind abgedrängt.

Zitieren wir solch eine Verwechslung als Beispiel, die beiden zwanzig Meter hohen Kolosse, welche die Nekropole von Theben beherrschen, die Memnonstatuen aus der Zeit 1400 Jahre v.Chr. Erzählt wird, dass die obere Hälfte des einen Kolosses heruntergefallen war, wahrscheinlich als Folge eines Erdbebens. Nach diesem Ereignis waren am Morgen bei Sonnenaufgang vom restlichen Teil sozusagen harmonische Töne zu hören. Man deutete diese als Morgengruss Memnons an seine Mutter. Je nach Fülle und Lautstärke der Töne – oder ihrem Ausbleiben – weissagte man.

In Wirklichkeit gab es da eine natürliche Erscheinung. Unter der Wirkung der Nachtkühle, der ersten Sonnenstrahlen und einer kleinen Brise war es die unebene Oberfläche der Bruchstelle, die mehr oder weniger hörbare Luftschwingungen auslöste. Als die Bruchstelle des Kolosses vermauert worden war, setzte die Naturerscheinung aus und die Statue schwieg.

In den alten Papyrusrollen ist oft die Rede von heilenden Stelen. Diese dürften die Fähigkeit gehabt haben, die bösen Geister auszutreiben. Man schreibt ihnen eine grosse heilende Wirkung zu. Auf der Rückseite der Stele war eine hieroglyphische Inschrift eingraviert. Um die Heilung zu erlangen, goss man Wasser über diese Texte, die dann dieses mit ihrer magischen Kraft durchtränkten. Das Wasser floss in ein Gefäss, aus welchem es gewissermassen als Weihwasser für die Heilung Kranker geschöpft wurde.

Wer die Ausstrahlung einer Statue – die fördernd oder hemmend sein kann – zu verspüren wünscht, könnte vielleicht am Anfang nichts Besonderes wahrnehmen. Es scheint, dass an den Stätten der Pharaonen ein Gnadenzustand herrscht, der eine höhere Resonanz begünstigt, mit dem was war, ist und sein wird.

So kann es vorkommen, dass an einem gegebenen Ort vor einer Präsenz, die die Form einer Statue haben kann, sich plötzlich eine Übereinstimmung einstellt, eine stille Entsprechung, eine gemeinsame Vibration, welche dem Betrachter die Materie lebendig erscheinen lässt.

Wie kann solch eine Ausstrahlung, selbst nach Jahrtausenden noch bestehen?

So ist im sakralen Innenhof in Luxor vor einer grossen Priesterstatue aus Stein von ungefähr zehn Meter Höhe diese Lebensvibration gefunden worden, welche die drei Stufen der höchsten Intensität umfasst. Es sind dies

eine stark physische von 8000 Einheiten,
eine leuchtend ätherisch-energetische von 13 500 und
eine ruhigklare spirituelle von 18 000.

Und dies obwohl der Kopf der Statue verstümmelt ist. Sei sie nun eine materielle Statue oder reiner Geist, hier ist ein unbeschreibbarer Widerschein einer Allgegenwart und einer Allwissenheit vorhanden.

Im Universum sind ebenfalls die schönsten Farben allgegenwärtig, aber nur unter bestimmten Bedingungen wird sich der Regenbogen offenbaren...

10. PHARAONISCHE MEDIZIN: «QUANTUM TU SCIEBAS»!

Was alles wusstest du nicht schon zur Zeit als die Theologie, die Astronomie und die Medizin in einer einzigen Wissenschaft vereint waren!

In den koptischen Klöstern bewahrte man sorgfältig gesegnete Brote auf, die auf eine gewollte Weise verschimmelt waren. Sie wurden für die Heilung kranker Brüder verwendet. Diese Art Penizillin war jedoch gesegnet...

Es existierte auch ein medizinisches Handbuch, das angab, zu welchem Zeitpunkt ein Naturheilmittel verabreicht werden sollte. Ebenso wurde astrologisch festgelegt, wann die in der Pflanzen-Heilkunde verwendeten Pflanzen geerntet werden sollten. Die Mediziner beobachteten einen chrono-biologischen Rhythmus.

Wir erfahren ja selbst, dass wir den verschiedenen Zyklen unterworfen sind: den täglichen, monatlichen, dem Sonnen- und dem Mondlauf. In den Texten der Pyramiden sind die Zehntagesperioden, also drei je Monat, zitiert. Unsere Chrono-Biologie befindet sich immer noch in den Kinderschuhen, obwohl in den

USA bereits die ersten Forschungskredite gewährt worden sind, um zu versuchen, daraus eine exakte Wissenschaft aufzubauen.

Auf dem energetischen Gebiet, vor allem im Bereich subtiler Vibrationen, haben die alten Ägypter immer noch einen Vorsprung gegenüber unseren tastenden Versuchen.

Im Rahmen dieser Forschungen ist es gelungen, einen sogenannten ägyptischen Empfänger zu rekonstruieren, der nach einem besonderen Schema aus Kupferdrähten aufgebaut ist. Es ist spannend, auf einfachste Weise Wellen aufzufangen, die seit Jahrhunderten in Vergessenheit geraten sind. Die zum Gerät gehörige Orientierungstafel entspricht im kleinen dem grossangelegten Tierkreis an der Decke der oberen Galerie im Tempel der Hathor in Dendera. So haben die experimentellen Studien mit diesem Empfänger bewiesen, dass zum Beispiel bei 90° die von Osten kommende Strahlung – diejenige des RA, des Gottes der aufgehenden Sonne – uns heute noch eine Vitalenergie zukommen lässt, die ihre Anwendung in der Praxis bestätigt.

Die Welle, die sich bei 77° einstellt, die Welle der *Isis,* ist erstaunlicherweise fähig, auch in unseren Tagen bösartige Tumore zu heilen. Es drängt sich die Frage auf, ob dies nicht ein perfektes Gerät war zur Wiederherstellung des Gleichgewichts in den Zellen. Die Frequenz nähert sich 27 Megahertz, also derjenigen der gesunden Zelle.

Erwähnen wir noch die Welle *Ptha,* die sich bei 65° einstellt. Sie beeinflusst das Psychische und war im alten Ägypten dazu berufen, vor einem Fehltritt zu bewahren.

Die *Osiris*-Welle befindet sich «fünf Minuten vor Mitternacht». Sie hilft dem Sterbenden, sie beruhigt ihn. Ähnlich wie eine im KA aufgefangene Bewusstseinsenergie erleichtert sie die Lostrennung des ätherisch-energetischen vom physischen Körper. Heute behandelt man den sterbenden Menschen immer noch wie ein einfaches Objekt der sichtbaren Welt.

Die Kunst, einen Körper zu mumifizieren, verdient unsere Bewunderung. Die berühmten Bandagen folgten dem Weg des vitalen Fluidums und wurden zu einer Art Kleid des Lichtes. Die Einbalsamierer wussten nur zu gut, wie dieser ätherische Körper zurückbehalten werden konnte – vielleicht nur allzugut – so dass heute im Museum von Kairo erklärt wurde, dass an den Mumien noch etwas als lebend vorhanden sein müsse. Sollte dies Unsinn sein, wenn der Kirlianeffekt sich nach 4000 Jahren um die mumifizierte Hand eines Pharao immer noch einstellt? Der Notschrei der Mumien in Kairo, in ihrem Zustand gestört zu sein, hat die Administration dazu bewogen, dieselben in einen für die Besucher nicht zugänglichen Raum zu schützen.

In den Tempeln von Edfu und Philae sind Rezepte von Aroma-Verbindungen gefunden worden, welche verschiedenen magischen Handlungen dienten.

In noch andern alten Dokumenten trifft man recht bizarre Prozeduren an, wie die Verwendung zerstossener Knochen von Fröschen und Krallen von Fledermäusen, was unsere heutigen pharmazeutischen Firmen kaum inspirieren wird. Indes sind viele altägyptische Beruhigungsmittel mit einer Mischung von Öl und Honig verbunden.

Über die chirurgischen Eingriffe kann man nur staunen. Wie heute verstand man schon damals grosse Wunden tadellos zu nähen. Bei Frakturen benützte man ebenfalls Holzschienen und Gipsverbände.

Abgesehen von einem gewissen Aberglauben war die Medizin wirklich eine Kunst und eine Wissenschaft.

Schon vor 3000 Jahren gab es Spezialisten, so den Augenarzt und den Zahnarzt. Der Spezialarzt für innere Krankheiten nannte sich: «Derjenige der von den inneren Fluida etwas versteht».

Die alten Ägypter hatten auch sehr weitreichende Kenntnisse in der Mathematik und in der Astronomie.

Für eine echte, umfassende Humanwissenschaft – wie weit, wie weit ist doch der Weg...

IV. INDIEN

1. KONTRASTREICHE GRUNDLAGE

Indien, das Land der Meditation, zeigt den Europäern eine Vielfalt von Gesichtern. Erwartet man an der Strassenecke die Erleuchtung zu finden, begegnet man dem Elend.

Für den Hindu sind Leiden und Armut in dieser Welt sehr relativ. Er fühlt das Tragische in seinen Lebensbedingungen nicht auf die gleiche Weise wie wir; die Masse lebt in einer Ruhe, einer Trägheit, aus der herauszukommen sie keinen Antrieb zu haben scheint. Aber diese Gemächlichkeit ist ohne Zweifel unumgänglich, wenn Indien nicht eine schlechte Kopie eines westlichen Landes werden sondern Indien bleiben will.

Es gibt auch die Festtage – das Indien des Traumhaften – in dem die Märchen aus Tausendundeiner Nacht Auferstehung feiern. Die Prinzessinnen treten aus den Marmorpalästen, gehüllt in ihre seidenen, in sanften Farben leuchtenden Saris. Welch edle Haltung in der Erscheinung dieser Frauen, die an Göttinnen denken lässt. Am folgenden Morgen jedoch müssen sie wieder ihr graues Leben verdienen. Sie werden diesen schönen, schmutzigen Kindergesichtern begegnen, deren fragende Augen die tiefe Regung ihrer Seele wiederspiegeln. Vom Licht und der Klarheit der alten Intellektuellen in Indien ist man hingegen bezaubert. Das menschliche Wesen ist nicht das Zentrum des Universums, ihm ist, wie den andern Lebewesen, sein Platz in der kosmischen Ordnung zugewiesen.

In der durch die Geobiologie erweiterten Forschung werden wir ein kleines Fenster öffnen, indem wir den einen oder andern Kraftort wählen, ohne in eine Suche nach hypothetischen Katmandus zu verfallen.

Termitenhügel sowie Hindutempel haben im Zentrum konzentrierte H-Reizstreifen.

Ein kleiner Vergleich zwischen der Architektur eines Hindutempels und dem Termitenbau.

Der Inder oder der Hindu wird es besser als wir verstehen, mit der Natur in Harmonie zu leben; seine Verbundenheit mit der Erde ist ihm angeboren, er küsst die Erde. Durch die Berührung mit dem Element Erde versteht er ihre Strahlung in sich aufzunehmen und nach Mass seiner Sensibilität sein energetisches System zu beeinflussen. Der Orientale, wie die meisten Nomaden, nimmt die Einflüsse der Erde durch die Fussohle wahr.

Im Rahmen dieser Wirkungsfelder und ihrer immerwährenden schöpferischen Kraft ist die gesuchte Harmonie auf das Gebäude übertragen worden, das nicht nur beschützen, sondern auch die Kraft des Ortes verdichten und verstärken muss.

Für diese Studie ist es notwendig, unter den unzähligen Tempeln eine Auswahl zu treffen, die einige hintergründige Fragmente ihrer originellen Architektur bewahrt haben. Bei den verschiedenen Religionsformen befinden sich die Kraftorte vor allem an folgenden Stellen:

– in den buddhistischen Tempeln:	vor dem Standbild des Buddha,
– in den Moscheen:	in der Ostnische,
– in den Jaintempeln:	im Zentrum wie bei den Schiwatempeln,
– in den Schiwatempeln:	direkt unter dem Turm des Gebäudes, beim Brunnen, der sich senkrecht unter dessen Zentrum befindet, wo das heilige Wasser wohlverstanden in einem Reinigungsritual der Absolution dient.

Zur Ergänzung sei noch beigefügt, dass sich dieser Ort in den russischen Kirchen, wie auch in den koptischen in Ägypten, im Zentrum des inneren Quadrates, in den alten christlichen Kathedralen sehr oft im Zentrum des Chores oder senkrecht unter der Kuppel befindet.

An all diesen Orten erhält ein lebendiges Element ohne bestimmte Form – der unterirdische Wasserlauf – seinen dauernden Einfluss auf das energetische System.

Für den eingeweihten Hindu bedeutet dieser Kraftort eine erhebende Musik, die die Zentren des Bewusstseins vibrieren lässt – die Skulptur einer vornehmen Stille.

2. ERNÜCHTERTE CHRISTEN

Nehmen wir also unsere bescheidenen Messgeräte und unser kleines Licht wieder auf.

Allen heiligen Stätten in Indien ist gemeinsam, dass im Innern das Netzgitter nach Dr. Hartmann fehlt; wie in Ägypten und in Chartres umrahmt ein Bündel verdrängter Reizstreifen das Bauwerk. Indien, im Vergleich mit dem Okzident, überrascht dauernd auf diesem Gebiet. Zur Vereinfachung wählen wir aus der Mannigfaltigkeit Indiens zwei Hauptrichtungen:

1) den islamischen Weg – die Moscheen,
2) den Weg der Schiwatempel, der höchsten schöpferischen Kraft, der grenzenlosen Zeit – ausgewählt unter den zahllosen Gottheiten Indiens.

Was wird man feststellen?

Der Wert der Bovis-Einheiten ist bedeutend höher als bei den christlichen Kirchen!

Chartres lieferte den Vergleichswert von 11 000 Einheiten. Wiederholt stellt man fest, dass die Moscheen, unabhängig von ihrer geographischen Lage, 12 000 aufweisen...

Unsere Überraschung überstieg alle Erwartungen in den alten Hindutempeln des Schiwa, wo immer 14 000 Einheiten zu finden sind.

Nur an diesen Orten sehr hoher Vibration kann der physische Körper in einen andern Seinszustand, in den metaphysischen, übergehen.

Als Folge dieser vergleichenden Messungen muss man sich die unbequeme Frage stellen, was diese höheren Werte wohl bedeuten mögen, warum sich die islamischen und die hinduistischen Kultstätten durch eine stärkere Vibration kennzeichnen als die christlichen? Bedeutet es nicht eine leichte Beschämung für unsere etwas stolze Ansicht als Christen, wir seien vielleicht doch die bevorzugten Lieblingskinder einer höheren Dimension? Indessen möchte man sich doch erklären können, warum je nach Kategorie des Kultortes immer dieselben Werte vorhanden sind, wo auch sie stehen mögen; seien es 12 000 in den Moscheen oder 14 000 in den Schiwatempeln.

Wer ist nicht geneigt, die Hypothese aufzustellen, dass es sich im Rahmen einer besonderen religiösen Vorstellung um ein Resonanzsystem handeln könnte. Nicht zu vergessen ist, dass unser ganzes Universum aus Resonanz-Systemen oder vibrierenden Harmonien aufgebaut ist. Versuchen wir mit einem kleinen bekannten Experiment diese Erscheinung zu beleuchten:

Von zwei gestimmten Geigen liegt die eine auf einem Tisch, auf der andern wird auf einer leeren Saite ihr Ton gespielt. Der Beobachter stellt fest, dass auf dem andern Instrument die gleiche Saite zu vibrieren beginnt. Man könnte die Beispiele des Zusammenklangs oder der «sympathischen» Resonanz vermehren.

Sei es der Buddhismus, der Islam oder das Christentum: Hat nicht jede dieser Religionen ihre eigene Form der Vibration angenommen, um hierauf im entsprechend umbauten Raum auf die eigene, spezifische Art die Zentren des Bewusstseins zu wecken?

Es sei erneut betont, dass sich an diesen Kraftorten unterirdisches Wasser befindet. Es scheint mehr und mehr offenbar zu werden, dass diese einem Fluidum gleichende, sich bewegende Substanz eine wichtige Grundschwingung gewährleistet und als dauernde unentbehrliche Stütze dient. Die indische Mythologie stellt den Wasserlauf durch eine siebenköpfige Schlange dar – der Nâga oder Naja – die zudem die unbegrenzte Fruchtbarkeit bedeutet.

Vergessen wir nicht den Unterschied zwischen den Konstruktionen aus dem Altertum und denjenigen aus der Neuzeit. Das geobiologische Wissen findet sich nur in den alten Kultbauten verwirklicht, bei uns in den Kathedralen aus der Zeit des 11. bis 13. Jahrhunderts. Die nachfolgenden Konstrukteure achteten geobiologisch weder auf den Standort noch auf die Formwellen, weshalb die neuen Kultorte diese Basisvibration nicht kennen. Selbstverständlich könnte man sagen, dass eine geistige Beziehung

Die siebenköpfige Schlange symbolisiert in der indischen Mythologie den unterirdischen Wasserlauf und die Fruchtbarkeit.

überall hergestellt werden kann. Diese Bauwerke jedoch waren für die Menge des Volkes gedacht; der Einfluss des Ortes und die Auswahl der Formen hatten ihre Daseinsberechtigung.

Ein konkretes Beispiel aus Indien bezeugt den Unterschied zwischen einem alten, charakteristischen Tempel und einem modernen in New Delhi – dem Laksmi Narain – der durch eine reiche buddhistische Familie im Jahre 1938 finanziert worden ist. Wer hier zwischen den Schiwastatuen mit ihrem starren, distanzierenden Blick durchgeht, wird nicht mehr verspüren als beim Eintreten in ein vom Kommen und Gehen durchpulstes Einkaufszentrum. Die Vibrationen halten sich bei den üblichen 6500 Bovis-Einheiten, das Netzgitter H zieht sich überall in regelmässiger Form durch, als ob nichts Aussergewöhnliches da wäre...

Dieselbe Bedeutungslosigkeit und vibratorische Armut herrscht ebenfalls in jenen luxuriösen Kultstätten, die dem Gott des Geldes gewidmet sind.

3. EINE VIBRATION, DIE EINE WANDLUNG BEWIRKT

In Indien findet man an den Orten mit 14 000 Bovis-Einheiten aus unserer Sicht ausserordentliche Menschen, von denen man gerne das Rezept kennte – das Wissen, wie sie es erreichen, aus diesen kosmo-tellurischen Einflüssen Kräfte zu schöpfen, ja sich von ihnen zu ernähren.

Allmählich überschreitet man eine neue Schwelle feinstofflicher Vibrationen. Es ist bemerkenswert, dass jene Plätze in Indien, die uns besondere Vitalität geben, immer auserwählte Flecken Erde sind, die seit urdenklichen Zeiten als heilige Orte gelten – als Orte eines «Geistes der Erde», als Orte des Kontaktes mit dem genialen Schöpfer. Dort ist zweifellos der Austausch kosmo-tellurischer Energien sehr intensiv; die höheren und rascheren Vibrationen können sogar die Eigenschaften des physischen menschlichen Körpers umwandeln.

Jene ausserordentlichen Männer und Frauen, die an diesen Orten in solcher Umwandlung leben, benötigen keine übliche irdische Nahrung mehr; sie verstehen, die notwendigen Energien aus dem vibratorischen Universum zu schöpfen. Allerdings macht es uns grosse Mühe, dies zu verstehen und anzunehmen. Man muss es selbst gesehen und erkannt haben – ohne Illusion, ohne Einbildung – um sich Rechenschaft zu geben, dass es viele Rätsel unter der Sonne gibt.

In den trockenen Weiten des indischen Halbkontinents gilt es, kleine Orte zu entdecken, wo der Geist stärker zu wehen scheint als anderswo. Wenn der Besucher das Glück hat, sich von ihm durchdringen zu lassen, ist es möglich, dass sich als Folge in ihm ein Gefühl entwickelt, das dem Göttlichen näher liegt.

Eine der markantesten Begegnungen verdient hier erwähnt zu werden, obwohl im allgemeinen diese erstaunlichen Über-Wesen, dort an Ort und Stelle niemanden in Erstaunen versetzen noch stören. In einer kleinen Wüstensiedlung, ungefähr 60 Kilometer von Jodhpur entfernt, lebt Swatimata. Der Hindu-Name bedeutet «heilige Mutter», sie ist eine rüstige Frau von 80 Jahren. Es ist unglaublich, dass sie seit 35 Jahren keine Nahrung mehr zu sich nimmt. Ist es möglich, sich einer vollen Gesundheit zu erfreuen, ohne zu essen und ohne zu trinken. Unsere Ärzte werden dies kategorisch verneinen, dennoch gibt es genügend Beweise, die zeigen, dass es sich nicht um eine Mystifikation handelt. Wir stehen einem Wesen gegenüber, das fähig ist, sich vom Prana und der kosmo-terrestrischen Energie zu ernähren! Nur davon? Nein: Sie segnet die Besucher, das Gemüse, die Früchte, die man ihr in Fülle darbringt und die hierauf den Bewohnern in der Siedlung weiter verteilt werden. Besteht nicht darin vielleicht eine kleine Hilfe – die Produkte der Erde und die Besucher sind ja auch vibratorische Energie-Quellen!

Sicher bedeutet für sie das Prana die Lebenskraft der Luft; bei uns wird man versuchen wollen, diese Tatsachen mit Elektronen, Äther, negativen Ionen, Tachyonen oder elektromagnetischen Feldern u.ä. zu erklären.

Welche Versuchung, so leben zu können wie Swatimata! Es ist vielleicht gar nicht so nutzlos, ohne besondere Ansprüche einen Mini-Versuch zu wagen: Diese energetische Lichtnahrung kann der aufmerksame Beobachter vom Rand der besonnten

Blätter eines Baumes auffangen, dessen Silhouette sich vom blauen Himmel abhebt – oder das gleiche an einem Palmenblatt versuchen, das seine spitzen Antennen nach allen Richtungen ausbreitet. Da wollen wir sehen, ob diese aufgefangenen Vibrationen nicht den Eindruck erwecken, mindestens für eine kurze Zeit genährt zu sein. Das Resultat der Übung könnte sich unter Umständen nicht sogleich einstellen; dies umso weniger als unser Körper seine festen Gewohnheiten hat, dafür nicht vorbereitet ist und das Mitziehen von unsern Fähigkeiten abhängt. Jedoch der Duft einer Mahlzeit wird alle Anstrengungen zunichte machen und ein «Zurück zur Erde» rufen – Brot für den Körper, Wein für das Blut.

Swatimata hat noch einen weiteren Grund uns neugierig zu machen: Holt man sie in ein Dorf, um einen Menschen oder ein Tier zu heilen, begibt sie sich mit einer solchen Geschwindigkeit dorthin, dass niemand ihr folgen kann. Sie gleitet gewissermassen kilometerweit leicht über dem Boden dahin, wie auf Schlittschuhen, ohne die Erde zu berühren. Das erschien uns unwahrscheinlich – und dennoch ist es Wirklichkeit. Kannte Jesus nicht vielleicht auch diese Energie der Leere, benützte er nicht auch diese Fähigkeit, um auf dem Wasser zu gehen? Oder wusste er auch die höchste Form der kosmischen Energie zu nutzen, die eine Umformung von Kraft wäre, geschöpft aus einem leeren Raum.

Dieses Konzept des leeren Raumes, der eine mächtige Energie enthält, wurde schon von Wilhelm Reich vor einem halben Jahrhundert dargestellt. Es scheint – wenigstens für den Augenblick – dass nur die Orientalen und unter ihnen wieder nur jene diese Fähigkeit anwenden können, die sich das notwendige Wissen angeeignet haben, die Entladung von Energie aus dem Reservoir des Leeren zu nutzen.

Im Rahmen unserer Forschung – auch um die ausserordentlichen Qualitäten der bewunderungswürdigen Swatimata besser zu verstehen – musste man um jeden Preis die Intensität der Vibrationen an jenen Stellen kennen, die sie für das Meditieren und Schlafen benützte. Kaum hatte man daran gedacht, die entsprechende höfliche Bitte um Erlaubnis zu formulieren, gab sie uns schon ihre Zustimmung, noch bevor wir ein einziges Wort ausgesprochen hatten.

Und dort, auf den von ihr gewählten Plätzen, wo sie sich auflädt, um diesen berühmten Kontakt Erde-Kosmos herzustellen, entdeckten wir wieder die höchste Vibration von 14 000 Einheiten, wie im Schiwatempel. Man trifft immer wieder dieselbe Ebene.

Als sich unsere Hände zufällig berührten, verspürte ich einen Schock: es war verwirrend festzustellen, dass dieser Kontakt keine Berührung mit einer Menschenhand von wirklicher Körperlichkeit war – und dennoch war sie in Fleisch und Blut vor uns. Diese Berührung löste gleichsam ein leichtes Brennen aus; dieser dematerialisierte Kontakt hinterliess den Eindruck, als ob man in ein dichtes Spinnennetz gegriffen hätte.

Wie gerne möchte man mehr über dieses merkwürdige Phänomen der bewussten Mutation des physischen Körpers erfahren! Ist es erlaubt anzunehmen, dass es durch diese unbeabsichtigte Geste möglich war, den dichten ätherischen und mutierenden Körper von Swatimata berührt zu haben. Gewisse Kirlian-Fotografien scheinen zu bestätigen, dass im Augenblick des Todes des physischen Körpers die «Pattern», das Bioplasma oder – wenn man es vorzieht – die ätherischen Kraftlinien – ausserordentlich intensiviert sind. Ist das in einem Prozess, der langsam vor sich geht, vielleicht eine Phase hoher Spannung, die jedoch bei einem gewaltsamen Tod in einen «Kurzschluss» überschlägt? Swatimata ist ein lebendes Beispiel, das sich dem Experiment der bewussten Mutation des Körpers durch «Mère», der Gefährtin Sri Aurobindos in Pondichery im Süden Indiens, nähert.

Für die innere Arbeit einer Wandlung – um mit einer Vibration besonderer Art in Beziehung treten zu können – ist es unerlässlich, einen besonderen Ort zu wählen? Ohne Zweifel; diese ausserordentlichen Wesen, die gleichzeitig auf zwei Ebenen leben, benötigen eine dauernde vibratorische Unterstützung. Diese metaphysische Anregung erhält Swatimata durch ihre Anhänger, die Tag und Nacht ohne Unterbrechung murmeln: ram – ram – ram... Das Wort ram enthält den Zyklus der Sonne – des (inneren) Feuers – des Mondes. Solange das Murmeln andauert, solange geht das Leben weiter.

Die Faktoren des Überlebens ohne Nahrung sind in diesem Fall: Eine Form der Anhäufung der Vibration durch das wiederholte Wort, der intensive kosmo-terrestrische Einfluss des Ortes, sowie die Strahlungsenergien der Früchte und des dargebotenen Gemüses. Aber aufgepasst – wir vier Besucher fielen – und das war die Überraschung des Tages – nachdem wir Swatimata verlassen hatten, mitten im Tag für mehrere Stunden aus Erschöpfung in einen tiefen Schlaf. Hatte sie sich wohl von der Lebensenergie der Gäste einen Teil angeeignet? Das ist nicht unmöglich; wie oft sind wir, ohne es zu wissen und in abgeschwächter Form, kleine Vampire, die sich von der Energie der andern ernähren!

4. DIE BEZIEHUNG ERDE-MENSCH-CHAKRA

Im Sanskrit bedeutet das Wort Chakra Rad – Lebensrad – Vitalität des Rades, die unsern Wagen vorwärts treibt. Ohne auf all die Wege der Spirale lebender Energie, welche unsere Energiezentren versorgt, näher einzugehen: Indien bleibt die Wiege einer attraktiven Lehre, welche die Transmutation einer terrestrischen Kraft in andere, subtilere Energien kennt und die den Menschen dazu bewegt, sie zu empfangen und anzuwenden.

Der aufrecht stehende Mensch mit seinen senkrecht übereinander angeordneten Chakras von der Basis der Wirbelsäule bis zum Scheitel des Hauptes dürfte mit dem Kosmos verbunden sein; auf dem Boden sitzend wird er den mehr physischen und materiellen Kontakt mit den Kräften der Erde und der Natur haben. Die beiden entgegengesetzten Energieströme werden das Kraftzentrum stärken, das einige Zentimeter unter dem Nabel liegt und vom Japaner «Hara» genannt wird. Um Schmerzen besser ertragen zu lernen, verabreicht ihm der trainierte Japaner heftige Faustschläge – was dem verweichlichten Europäer nicht zu empfehlen ist!

Heute unterscheidet man bei den Chakras drei Zonen: Becken – Sonnengeflecht – Kopf; jede Zone enthält drei Bewusstseinszentren; es gibt also deren neun. Die Annahme von sieben Chakras galt bis zum 19./20. Jahrhundert zu Recht.

Dieselbe war in Übereinstimmung mit der Existenz der sieben bekannten Planeten. Mit der Entdeckung zweier zusätzlicher Planeten sind wir in einen neuen Zyklus der Evolution eingetreten und es hat sich analog eine neue Beziehung zwischen Universum und Mensch gebildet.

Der Entdeckung Neptuns 1848 und Plutons 1936 sollte der entwicklungsfähige Mensch Rechnung tragen und sich ihr anpassen. Solange jedoch die Yogaschulen und die reichhaltige Psi-Literatur fortfahren, im Westen die Theorie von sieben Chakras zu wiederholen und abzuschreiben, geht der Aufbruch zur Weiterentwicklung auf neun nur sehr langsam voran!

In Indien betrachtet man respektvoll die Erde als ein lebendes, durch einen geistigen Strom beseeltes Wesen. Der Mensch ist dort nicht von seinem kontemplativen Leben abgeschnitten. Er fühlt die Pulsation des Charakters des Ortes, als ob die menschliche Zelle – die in sich dieses kodierte und kosmische Gedächtnis bewahrt hätte – ihn durch eine natürliche Affinität mit einem vibratorischen Ganzen verbinden würde. Jeder könnte einmal bemerken, dass – um eine Naturenergie in sich einfliessen zu lassen – es genügt, sich einem gesunden Baum zuzuwenden, einem Berggipfel, einer Quelle oder einem Felsen. Noch deutlicher wird es verspürt werden, wenn der ausgesuchte Platz in bezug auf das Netzgitter H neutral ist.

Selbst der Fels stellt keine tote Materie dar. Es ist möglich, dass er keine Partikel mit Bewusstsein aufweist, aber auch er ist, wie wir, einem bestimmten Lebenszyklus unterworfen. Auch der Fels hat seine Jugend und sein Alter, auch er wird einmal vergehen. Jede Lebensform besitzt ihre individuelle Uhr, es scheint, dass alles programmiert ist, um zur gegebenen Zeit reif zu werden.

Ist es nicht erstaunlich, wenn gleichzeitig auf zwei weit voneinander entfernten Kontinenten unabhängig voneinander ein und dieselbe Entdeckung gemacht wird? Man könnte sagen, dass Spionage immer möglich sei – jedoch gibt es in manchen Köpfen gleiche Erkenntnisse, ohne dass jemals eine Verbindung zwischen ihnen bestanden hätte. Wenn es eine höhere Intelligenz ist, die die

Fäden hinter der Weltbühne zieht, so wäre zu hoffen, dass dies zu einer höheren Entwicklung unserer Gesellschaft führen möge.

So werden über jede geopolitische Betrachtung hinaus die Kontinente viel mehr zu *Zonen* neuer Energien. Die geistige Evolution fliesst in die Laboratorien der Intelligenzia und schafft neue Symbole der elektronischen Ära. Der Strom eines tausendjährigen Wissens, welcher vom Orient her den Okzident überschwemmt hat, fliesst zurück, belebt und oft bereichert durch die Brille der Informatik. Von vielen Seiten her bilden sich Stätten der Begegnung und Zentren für eine transzendentale Öffnung der Wissenschaft. Sie werden einen fördernden, anregenden Funken bis in die Vorräume der distinguierten Gleichgültigkeit tragen.

Es ist eine gute Kapitalanlage, sich für die inhaltsreiche Schatzkammer zu interessieren, die das Dossier Mensch-Erde-Chakra-Kosmos birgt.

5. EINZIGARTIGE SCHWINGUNGEN DER LIEBE

In Indien begegnet man nicht selten in der nächsten Umgebung der Tempel oder in ihrem Innern einem lichtvollen Wesen, das – anonym – eine Welle von Teilnahme und Gewogenheit ausstrahlt, eine Emission beruhigender Wirkung. Die Würdenträger der Tempel, die uns beim Messen beobachten, verstehen intuitiv den Zusammenhang unserer Tätigkeit mit den Orten der Kraft. Ihre grossen schwarzen Augen widerspiegeln sogar einen auf uns gerichteten Segen. Wir patschten auf dem sehr kalten Marmorboden ohne Schuhe im geweihten Wasser und in einer Fülle von Blumen. Eine gute Schule für Verweichlichte.

Die Stetigkeit der Vibration der Liebe und der menschlichen Wärme ist ein Teil dieses faszinierenden Indiens. Man findet sie sogar in der Vorbereitung eines Festessens, bei dem der eingeladene Europäer befürchten könnte, die Nahrung schlecht zu vertragen; doch sicher: nein. Man wird ihm im voraus versichern, dass alles sehr gut gehen wird, denn diese Nahrung ist, nach ihren Aussagen, mit *hohen Vibrationen der Liebe* zubereitet!

Kann es so etwas wirklich geben?

Man hat allen Grund überrascht zu sein – aber haben wir nicht oft über die alten Regeln gespöttelt, die sagen, die gute oder schlechte Stimmung der Köchin beeinflusse die Mahlzeit, die sie zubereitet? Bewegen wir uns da nicht näher als wir denken an der Definition der Liebe, die Teilhard de Chardin ausgesprochen hat: sie sei die gewaltigste Energie, die grösste aller aktiven Kräfte. Der Mensch beginnt erst jetzt und zudem zögernd ihren Wert zu erkennen.

So würde sich die vollkommenste Form der Liebe im Dasein durch die «unio mystica», die immerwährende Vereinigung mit der höchsten Präsenz bekunden.

Der Dichter, der diese veredelnden Kräfte der Liebe auf das Niveau der Menschen umzusetzen versteht, ist zum zarten Zaubergesang inspiriert, den der Gatte während der Hochzeitsfeier am heiligen Feuer anstimmt:

«Ich bin das Männliche
Du bist das Weibliche
Ich bin der Himmel
Du bist die Erde
miteinander sind wir das Universum...»

V. TIBETISCHE KLÖSTER

1. HOCHGELEGENE ORTE DES BUDDHISMUS

Im Tal des oberen Indus, auf einem der höchsten Plateaus des Himalaja, überlebt der tibetische Buddhismus noch in etwa hundert Klöstern. Unsere dort gewonnenen Messresultate werden wir mit denjenigen anderer heiliger Orte in flacheren Ländern vergleichen.

Das gesamte indo-tibetische Plateau ist ein Ort der Kraft. Seine Strukturen wirft das Raumgitter H aus seiner normalen Ordnung, das Netz zeigt erweiterte und unregelmässige Maschen. Liegt die Ursache dazu in der gewaltigen durch die Verschiebung der Kontinentalplatten hervorgerufenen tektonischen Störung oder in einer klugen, besonderen Anordnung der Votiv-Denkmäler, mit denen die terrestrischen Reizstreifen von den bewohnten Zonen ferngehalten werden?

Unter schwindelerregenden Gipfeln, die auf über 7000 Meter emporragen, steigen wir etwas schwer atmend über die enorm hohen Stufen dieser Kultbauten hinauf, die auch einzigartige religiöse Kunstschätze beherbergen. Wir bleiben in einer Höhe zwischen 2500 und 3600 Metern. Welches Entzücken, in dieser ungeheuren Steinwüste eine Oase anzutreffen, wo selbst in einer Höhe von 3600 Metern die kleinen, saftigen Aprikosen reifen! Gedörrt bilden sie einen kostbaren Vorrat für den Winter.

So werden wir uns nahe dem Himmel doch recht standfest auf dem Boden dem äussersten Nordwesten Indiens zuwenden: dem Gebiet des wenig bevölkerten Ladakh, mit einer Bevölkerungsdichte von nur vier Einwohnern pro Quadratkilometer. Diese Region legt sich gleich einem Finger in eine geopolitische

Wunde, die durch China, Tibet, UdSSR und Kaschmir begrenzt wird. Heute gehört dieses Gebiet zu Indien und man kann die strategische Bedeutung kaum überschätzen, urteilt man nach den nicht endenwollenden Kolonnen von Militärfahrzeugen, die während der vier Sommermonate wie verstaubte Käfer auf den engen Strassen über die Pässe rollen.

Diese Hochtäler zwischen den Ketten des Himalaja sind während acht Wintermonaten von der Welt abgeschlossen. Dadurch erlangt hier das Haus – die Wohnstätte – eine besondere Bedeutung. Im Winter wird das Erdgeschoss den Tieren überlassen, das Familienleben zieht sich auf das Obergeschoss zurück. Da der Temperaturunterschied zwischen Tag und Nacht gross und das Holz rar ist, bleibt als einziger geheizter Aufenthaltsraum die Küche, die dann auch als Schlafraum benützt wird. Draussen kann das Thermometer bis zu −45°C fallen.

Uns interessiert vornehmlich das geologische Profil dieser Klöster, deren Erbauer die Geomantie und das, was wir heute Geobiologie nennen, sicherlich berücksichtigt haben. Sie verstanden, eine beeindruckende Bauweise auf die Proportionen des Ortes abzustimmen – und mit dem terrestrischen Raumgitter in Einklang zu bringen.

In dieser unkonventionellen Wüste – die auch die Fruchtbarkeit der Imagination fördert und den Dialog mit Wesen einer übernatürlichen Welt aufleben lässt – bleibt Buddhas Lächeln unerschütterlich, sein Blick richtet sich nach innen und nach aussen in die Weite.

Das Wasser, das in diesen Gebieten kostbar ist, wird für die tibetischen Einweihungsriten benützt, es bestätigt das Gelübde und die Aufnahme des Novizen. Die Geste dieses Gelübdes besteht darin, die Erde mit der Hand zu berühren und sie als Zeugin anzurufen. Die vibratorische Kraft durch diesen Kontakt und diese Zeremonie entspricht derjenigen eines ausgeglichenen physischen Körpers, es sind 8000 Biometer-Einheiten.

Die Hand des Buddha, die sich aber im Sinne einer Hingabe nach oben öffnet, bewirkt sofort 14000 Einheiten.

Nicht mehr überraschen dürfte, dass hinsichtlich des Raumgitters H alle *Innenräume* der Klöster in einer weiten neutralen Zone liegen. Eine beruhigende Stille herrscht über den mit Teppichen belegten Gebetsbänken, die sich nur wenig über den Boden erheben. Im Gegensatz dazu findet man an einem Kraftpunkt, der wohl dazu bestimmt ist, stärker zu strahlen – wie etwa vor einer grossen Buddha-Statue – eine Anhäufung von sechs Nord-Süd und neun Ost-West-Streifen.

In jedem Kloster stehen im Zentrum vier Säulen aus Zedernholz aus dem Himalaja. An allen derart markierten Orten misst die Vibration 14 000 Einheiten. Indes befinden wir uns hier

Meditationsplatz an einem buddhistischen Kraftort.

nicht in einem Hindutempel, der ja auch 14 000 Einheiten aufweist; wir erwarteten, einen unterschiedlichen Wert anzutreffen. In Anbetracht der gleichen Charakteristik auch an diesen buddhistischen Orten, neigt man zu der Annahme, dass zwischen dem Buddhismus und dem Hinduismus eine sehr enge Beziehung besteht.

Hier finden sich die drei Ebenen des Universums wieder: die unterirdische Welt, die Oberfläche der Erde und die Himmelswelt. Säule oder Kreuz – beide sind Symbole für die Verbindung Erde – Himmel, Verbundenheit mit dem Göttlichen. Dieses Bindezeichen, das das «Unten» mit dem «Oben» verknüpft, wird zur Macht und stimmt mit der Wirbelsäule des Menschen, der Stütze, der Vertikale, überein.

Die Hauptsäule des Tempels steht nicht zufällig an ihrem Ort. Derselbe ist derart sinnreich gewählt, dass ihr Schatten zu bestimmten Zeiten des tibetischen Kalenders über die Schwelle des Tempel-Tores wandert. Dieser Kalender wird seit der Geburt Buddhas vor 2500 Jahren benützt. Der Polarstern galt als ideeller Gipfelpunkt der heiligen Säule.

Auf den vier internen Säulen ruht die Kuppel, deren Basis quadratisch ist. Das führt uns zu dem chinesischen Symbol, nach dem der Himmel das Dach und die Erde die Stütze ist, der Himmel als rund und die Erde als quadratisch gilt. «Quadratisch» bedeutet Verfestigung innerhalb der materiellen Grenzen. Die Verbindung Quadrat-Kreis findet sich hier wieder im Zusammenspiel zweier Ebenen, der Architektur und des Rituals.

Im tibetischen Buddhismus – der mit dem terrestrischen Strom konkret in Beziehung steht und durch die Schlange dargestellt ist – gilt der Regenbogen als himmlische Schlange. In Asien glaubt man, dass er das Wasser aus den Flüssen ansaugt oder trinkt. Der Regenbogen ist ohne Zweifel das farbenreichste Symbol für die Beziehung zwischen dem Himmel und der Erde. Diese Brücke der wechselseitigen Kommunikation symbolisiert in allen Regionen den kosmo-terrestrischen Austausch.

◀ Gewisse Stellen an Kraftorten haben vor dem Buddha zusammengedrängte Reizstreifen H; sechs Nord-Süd und neun Ost-West.

Seit der Zeit Noahs gilt er als Zeichen der Verbindung. Für den Tibeter ist er die Treppe aus sieben Farben, auf der Buddha vom Himmel heruntersteigt: Er erscheint – ist aber nicht greifbar. Der Regenbogen wird zum Ort des Durchganges, der an die zyklische Erneuerung mahnt.

Wenn man das Privileg hat, einen Augenblick im intensiven Licht des Regenbogens zu stehen, gibt die Messung auf der Bovisskala 13 500 Einheiten an; also ein hohes Lichtbad auf den ätherischen Körper wirkend, das darauf hinweist, dass es möglich ist, auch die Farben des Lebens zu orchestrieren.

Einige nähere Angaben für denjenigen, der gerne selbst die Wirkung der hohen Vibrationen von 14 000 Einheiten im Innern der Klöster in Ladakh feststellen möchte:

Er wird sie in den Tempeln von Phyang und Hemis, in den vier Tempeln von Alchi, Stakna, Spituk, Thikse sowie in Likir finden. Im königlichen Palast von Stok trifft man diese Intensität nur im Meditationsraum an.

In MULBECK kann diese hohe Vibration vor den Füssen des Standbildes der riesigen Maitreyas erfasst werden. Der Eingangshof wird durch 18 Reizstreifen H – die wir schon vor den Pyramiden nachgewiesen haben – wohl behütet. Das war übrigens die erste und einzige Barriere dieser Art, die wir im ganzen Lande antrafen; sie fällt zusammen mit dem Eintritt in eine geographische Zone, wo die eindrucksvolle Reihe der tibetischen Klöster beginnt.

Neben der Statue in Mulbeck steht ein kleiner Tempel, genau Nord-Süd ausgerichtet; die Masse zwischen den vier Holzpfeilern im Zentrum entsprechen zu unserer Überraschung denjenigen des Netzgitters H: In der Nord-Süd-Richtung also zwei Meter und in Ost-West-Richtung zwei Meter fünfzig. Wie kommt es, dass man hier gerade diese gleichen Werte antrifft?

Ein gutes Vorzeichen für unsere weitere geobiologische Untersuchung auf dem indisch-tibetischen Weg.

ALCHI: Im Tempel Lakham Soma in Alchi kreuzen sich vor der Statue des grossen Buddha dicht nebeneinander sechs Nord-Süd – mit neun Ost-West Reizstreifen. Das ist das Schema, das sich an allen religiösen Stätten Tibets finden wird; dies ist eine besonders stark wirksame Stelle, die auf die benachbarten neutralen Plätze ausstrahlt und einwirkt, die für das Gebet und die Meditation bestimmt sind. Die vier Tempel von Alchi sollen von allen im Land am besten erhalten sein. Sie stehen 3100 Meter über Meereshöhe; der Ort ist sehr stark radioaktiv.

Auf allen Mauern sind Tausende von kleinen Buddhas mit grosser Genauigkeit als Miniatur gemalt, von denen leider ein Teil schon sehr verwaschen ist. Ohne Zweifel sind sie Mantras in Bildern!

Der Tempel von LIKIR, der das erste in Ladakh gebaute Kloster war, soll nach der Legende von zwei grossen, königlichen Nâgas eingekreist gewesen sein, von Geistern des Wassers oder – von unsern jetzt genannten terrestrischen Reizstreifen...

In diesem Kloster ist das religiöse Leben sehr aktiv. Bei unserm Besuch konnten wir nur entzückt sein, der Entstehung eines meisterhaften Kunstwerkes zusehen zu dürfen, das für das berühmte heilige Fest von Likir bestimmt war. Es war die Schaffung eines Mandala durch vier Mönch-Künstler, die auf dem Boden knieten und feines farbiges Steinpulver auf den vorgezeichneten Entwurf rieseln liessen. Diese Mönche identifizieren sich mit ihrem Werk. Bevor sie mit der Arbeit beginnen, bereiten sie sich während mehreren Tagen durch lange Meditationen darauf vor. Kaum vorstellbar, dass dieses Kunstwerk nach der Zeremonie zerstört wird... Das entspricht aber ihrer Philosophie, die der Ordnung des Universums angepasst ist, wo alles dem Gesetz der Vergänglichkeit unterliegt.

In einer kleinen Seitenkapelle, wieder in der neutralen, reizstreifenfreien Zone, sitzen längs einer Mauer in einer Reihe Mönche in Meditation; sie sind besonders strengen Regeln unterworfen. Zu unserm Erstaunen zeigte an diesen Plätzen das Biometer keinen Einfluss auf den physischen Körper an, sondern eine ausschliessliche Wirkung auf den ätherisch-energetischen Körper von 14000 Bovis-Einheiten. Also keine Schwingung für die «untere» Ebene, aber auch keine nach «oben» in die dritte Dimension des Spirituellen.

Somit wird es für sie möglich, dem Physischen keine allzu grosse Bedeutung zuzumessen, denn der Ort kompensiert einen Zufluss von Energie durch den ätherischen Körper. Die Sitzplätze sind so gewählt, dass ein Reizstreifen H über die ganze Länge der

Sitzbank führt – eine gewollte Anordnung, ein physisches Stimulans. So kann der Mönch in dieser feinstofflichen Atmosphäre sich auf einen ganz bestimmten Aspekt konzentrieren um alles andere beiseite zu lassen. Geben wir zu, dass nur die Kenntnis der Geomantie zu dieser aussergewöhnlichen Lösung fähig ist.

Es scheint, dass die Konstrukteure in Likir der Gegenwart der Nâgas – also den unterirdischen Wasserläufen – und dem Einfluss der Erde besonders sorgfältig Rechnung trugen.

Die Hunderte von Mönchen, die an diesem Ort wohnen, sind sozusagen bevorzugte Kinder. Alles ist so geordnet und koordiniert, dass dort der ätherisch-energetische Körper entwickelt werden kann und sie das erstrebte, besagte Niveau ihrer geistigen Entwicklung ohne falschen Ton wirklich «zwischen zwei Wassern» erhalten können.

Eine okkulte Elite

Nahezu fieberhaft wünschten wir einen geheiligten Ort zu finden, wie es bei jedem andern Kraftort höchster Qualität der Fall ist, der die noch höhere Vibration von 18 000 Einheiten aufweisen würde. Ohne diesen Ort höchster Kräfte gefunden zu haben, wären wir zu der oberflächlichen Überlegung gezwungen, alle besuchten Plätze in den Bereich der Strahlung der zweiten Dimension von 14 000 Einheiten einzureihen. Dies würde dem Niveau des Rituals, der Meditation, dem Streben nach Befreiung vom irdischen Leiden und der Unwissenheit, entsprechen.

Diese Plätze höchster Vibration von 18 000 Einheiten sind vorerst in zwei Klöstern anzutreffen: in LIKIR, dem ältesten aus dem Jahre 1065, und in RIZONG, dem jüngsten aus dem Jahre 1840. Da bewohnt eine geistige Autorität den Kraftort, die es dem höchsten Lama erlaubt, den Zustand Buddhas zu erreichen, die Tugend der Weisheit und die Nächstenliebe.

Der dritte Ort ist ein verstecktes Schmuckstück, ein verlassener Platz des Urtempels, der dem Kloster SPITUK südwestlich von Leh auf 3600 Meter Seehöhe angeschlossen ist. Er bietet eine weite Sicht auf den Indus und seine Seitentäler.

Abseits vom grossen Kloster, das prächtige Holzschnitzereien um seine Fenster hat, befindet sich dieser verlassene Ort der Kraft, auf festgestampfter Erde, mit rohen Baumstämmen an Stelle der Säulen. Die vollständige Schlichtheit bewirkt eine besonders ruhige Atmosphäre und innere Stille.

Dieses Wohlbefinden wird durch das Biometer bestätigt, das einen Höchstwert ausgeglichener Vibrationen für das Physische wie auch für den energetischen Körper anzeigt. Kurz, der authentische Ort der Kraft mit den Intensitäten von 18 000 Einheiten ist gefunden; er scheint jedoch vergessen oder verlassen zu sein.

Im renovierten Teil des Hauptklosters von Spituk tritt man dagegen in eine andere Welt ein: Dort sind Masken und Darstellungen zerstörender Ungeheuer angehäuft. Unter dem Standbild des Gottes Shug-Den sind merkwürdigerweise nur 3000 Einheiten zu messen, die zu Unwohlsein und Flucht zwingen. An anderer Stelle, unter einem schockierenden Haufen von Götterbildern, muss es Störeinflüsse geben, die Bedrückung und Unruhe hervorrufen; da zeigt uns das Biometer immer nur minderwertige, sehr niedrige Vibrationen an. Doch gibt es dort diesen vergessenen Platz, einen abgelegenen festgestampften Erdpunkt mit einer sehr kostbaren kosmo-terrestrischer Strahlung – die Mönche des Klosters suchen vielleicht in der Ferne, was ganz in ihrer Nähe liegt.

Diese drei auserwählten Orte der Kraft weisen gleiche Kennzeichen und Eigenschaften auf; dieselben Bedingungen sind vereint, sodass die jeweilige Ortswahl kaum vom Zufall bestimmt ist.

Alle drei – Rizong, Likir und Spituk – liegen geologisch auf der Granitzone im Norden des Indus. Die Granitschichten, die diese Klöster tragen, stehen lotrecht, das könnte die erhöhte örtliche Radioaktivität von 26 Mikro-Röntgen pro Stunde erklären. Verglichen mit der Radioaktivität im Kaschmir haben diese drei tibetischen Kraftorte beinahe die dreifache Intensität an radioaktiver Strahlung, was oft verspürt wird, selbst von denen die nicht daran gewöhnt sind.

Über dem Granit des Himalaja beträgt die energetische Intensität gemäss dem Biometer 10 000 Einheiten, also ungefähr 10 % mehr als auf dem roten Granit von Oberägypten. Ohne Zweifel spielt die vertikale Stellung der Gesteinsschichten eine zusätzliche Rolle.

Die Erbauer dieser drei Klöster haben es verstanden, die Harmonie der Bipolarität zu respektieren, indem sie ihre Gebäude genau nach dem Erdmagnetfeld Nord-Süd ausrichteten.

So stützen sich diese reich dotierten Orte auf vier Besonderheiten:

- die erhöhte Radioaktivität
- die vertikale Stellung der Granitschichten
- die Orientierung
- das Fehlen aller störender terrestrischer Reizstreifen im Innern.

Diese Kraftorte im Himalaja sind wahre Abbilder der Landschaft mit ihren zum Himmel ragenden Gipfeln und ihren einladenden Oasen. Diese Gegensätze und Emotionen bilden den grossen Hintergrund des tibetischen Buddhismus, dessen Doktrin die Loslösung von allem Weltlichen verlangt. Zwischen dem Zenit hinter seiner blauen Maske und dem Dunkel des Nadir, der sie in seine Unterwelt einlädt, erreichen sie vielleicht das Ziel.

Es ist zwecklos, bei den Eingangstoren der Tempel nach Allegorien zu suchen, die das Positive und Negative einander gegenüberstellen, wie es bei unsern christlichen Kirchen der Fall ist. Der Buddhismus ist darauf angelegt, das Negative nicht darzustellen; das Tor zum Nirvana erhält dadurch seine Anziehungskraft. Unter allen Breitengraden haben die grossen Meister, die die Flügel der Nächstenliebe ausbreiten, ihre ergebenen Anhänger. Jedoch gibt es auch die interessierten falschen Propheten, die wohl die Loslösung von allen Dingen preisen, aber ihre Anhänger dazu bewegen, ihnen alle ihre Güter freudig zu überlassen. Die Mahnung an einem Portalvorbau, dass das Positive und das Negative zusammengehören, ist nicht sinnlos; in diesen Fällen ist es besser, nicht nur das eine Auge, sondern beide offen zu halten.

2. DIE GROSSE NAHTSTELLE IM HIMALAJA

In dieser chaotischen Mischung buntfarbiger Felsen zwischen dem Südabhang des Himalaja und der riesigen Granitmasse im Norden des Indus befinden wir uns in der himalajischen

Nahtzone, wo eine erhöhte natürliche Radioaktivität herrscht. Hier ist eine besondere unruhige tektonische Demarkationslinie, ein Granitfelsen, der sich aus dem tiefen Magma kristallisiert hat und der vor 60 Millionen Jahren die transhimalajischen Ketten gebildet hat – die mächtigsten der Erde.

Denken wir an die These der Abtrift der Kontinente, die vom tiefen Ozean ausgehend Indien zu Asien brachte. Es ist schon lange her – man schätzt 220 Millionen Jahre – da Indien mit Afrika, Australien und der Antarktis verbunden war; welcher Riese von Kontinent! Da macht sich Indien vor gut hundert Millionen Jahren auf den Weg nach Norden und vor kaum fünfzig Millionen Jahren beginnt der grosse Zusammenstoss.

So nähern sich nach und nach Indien und Asien, indessen wirkt der harte Felsen unter dem Ozean als Widerlager, so dass der indische Kontinent sich unter den asiatischen zu schieben beginnt. Durch diesen Vorgang verformen sich die beiden Platten, Teile davon werden unter dem starken Druck hoch emporgehoben. Nun versteht man, warum sich heute Meeresablagerungen in ansehnlicher Höhe über Meer befinden. Edelsteine sind hier keine Seltenheit. Die Aktivität alter Vulkane hat düstere Falten auf helldunklem Dekor zurückgelassen, der immer abwechslungsreich und bunt ist.

Längs dieser Zone des Zusammenstosses und der geologischen Verwerfungen ist sicher eine erhöhte natürliche Radioaktivität zu erwarten und wirklich: der Geiger-Müller-Zähler streikt nicht, er zeigt immer zwischen 26 bis 30 Mikro-Röntgen pro Stunde; das normale Mittel misst deren etwa 20. Die Kraftorte der Klöster befinden sich in dieser Granitzone, ihre Erbauer haben sicherlich den Standort der Gebäude in der Funktion des Zusammenspiels natürlicher Kräfte ausgewählt. Um eine zu langatmige Darstellung zu vermeiden, sei nur noch erwähnt, dass die natürliche Radioaktivität in Srinagar im Kaschmir nur etwa 50% der normalen Strahlung, also ungefähr 10 Mikro-Röntgen pro Stunde beträgt und zwar ebenso innerhalb der Wohnboote, wie auch ausserhalb auf dem Dal-See. Je mehr man sich der grossen Nahtstelle des Himalaja nähert, desto höher steigt die Radioaktivität, sie steigt bis zum dreifachen Wert in Lamayuru auf 3600 Metern Seehöhe. Parallel dazu gibt das Biometer eine starke Bodenenergie an, unabhängig vom abnehmenden Sauerstoffgehalt. Im Osten, in Richtung China, wo der Granit von eisenhaltigem Gestein unterbrochen wird, ergibt diese rostfarbene Umwelt eine Kraft von 9500 Einheiten; wegen des Vorkommens des Eisenerzes treten starke fantasievolle Kompass-Störungen auf.

Aber welches Zusammenspiel besteht in dieser energiereichen Umgebung – die eine unumstrittene Wirkung auf den physischen Körper ausübt – zwischen dem normalen terrestrischen Netzgitter nach Dr. Hartmann und dem Netzgitter des Himalaja?

Zum erstenmal in der Geschichte unserer Forschungen – ein wildes Durcheinander!

Bis jetzt war auf unserer Erdkugel das Netzgitter H überall getreulich regelmässig gefunden worden. Genauer: von Osten nach Westen in Europa – in Asien – im Fernen Osten – in Amerika und vom Hohen Norden zum Indischen Ozean.

Die grosse himalajische Auffaltung hat die Regel über den Abstand, der für die Nordsüd-Streifen gültig ist, durcheinandergebracht, er ist länger als zwei Meter, dagegen ist der Ostwest-Abstand davon nicht betroffen, er misst normal 2,50 Meter. Falls bei uns die Distanzen zwischen den Reizstreifen gestört oder unregelmässig sind, liegt es oft an einer örtlichen geologischen Unregelmässigkeit.

Je weiter man sich vom Gipfel eines Gebirges entfernt, umso grösser sind – also allein für die Nordsüd-Richtung – die Abstände zwischen den Reizstreifen H, sie betragen 3,50 Meter bis 3,70 Meter, sogar 4,10 Meter. Je mehr man sich dem Gipfel nähert, umso kleiner werden sie, aber nie unter 2,70 Meter.

Diese Änderung der Abstände gab wohl die Regel für den Hausbau und die verwirrende und sehr eigentümliche Tatsache könnte es erklären, warum die inneren Räume neutral sind; einer der Schlüssel wäre die Verwendung dieser linearen Abstände beim Bau des Wohnhauses und des Tempels.

Die Lebenskraft des Yak

Dieser Grunzochse ist ein wesentlicher Bestandteil des himalajischen Lebenskreises. Er lebt in Höhen von 4000 Metern und höher. Er verdient erwähnt zu werden, weil er in all den zwischen Göttern und Gipfeln durchgeführten Messungen den

Rekord bezüglich der physischen Kräfte hält, sie messen bei ihm 9500 bis 10 000 Biometer-Einheiten. Hat er nicht ausserdem alle Eigenschaften, die für den Menschen nützlich sind: Er kann schwere Lasten tragen und trotz seines Gewichtes ein beweglicher Gebirgsgänger sein, der im höchsten und wildesten Felsen mit derselben Sicherheit klettert, wie Wildschafe und Steinböcke. Er liefert Milch und Fleisch. Sein getrockneter Mist dient als Brennstoff, mit Erde vermischt und gestampft als Baumaterial. Die langen Haare seines Felles werden gesponnen: alles an ihm wird ausgenützt, bis zu den Hörnern und Hufen. Der Yak ist eines der widerstandsfähigsten Tiere, der auch bei schwerem Unwetter nicht in Unruhe gerät. Wenn es kein Wasser gibt, frisst er Schnee.

Wie aber kann man vorgehen, um ein Tier solcher Art zu messen? Selbstverständlich kann man sich ihm nur nähern, wenn es ruht. Falls er im Zorn den Rücken aufbäumt... würden ohne Zweifel die Werte seiner Energie alle Messinstrumente überschreiten.

3. DER STÛPA WACHT

Das Monument, das entweder zur Bestattung oder zu rein religiösen Zwecken dient, wird im Sanskrit Stûpa genannt. Seine Silhouette begleitet alle Wege der buddhistischen Landschaft.

Der Unterbau ist kubisch, bei den ältesten Konstruktionen rund. Über vier quadratischen Steinplatten steht der charakteristische Turm, der eine Reliquie oder die Asche einer bedeutenden Persönlichkeit enthält. Das Bauwerk wird von einem Pfeil oder einer spitzen Form gekrönt. Es ergibt sich die Frage, ob diese Konstruktionen einen besonderen Einfluss auf das ganze Gebiet und auf die Einwohner haben.

Man ist irgendwie betroffen, wenn man sich auf den Kompass stützen will, um eine allfällige Grundregel für die Orientierung der Stûpas zu finden. Es gibt hier keine Beziehung, weder zum Erdmagnetfeld, noch zu der klassischen Nordsüd-Richtung, noch zur Richtung der auf- oder untergehenden Sonne. Nichts von alledem. Einmalmehr zeigt uns hier der eingeführte Buddhismus, dass diese Steinsymbole gar keine Neigung haben, ihre Bedeutung

preiszugeben; es liegt an uns, unsere Anmassung zu erkennen, die alles schematisieren will.

Unsere Hypothese besagt, dass in bestimmten Fällen die Orientierung der Stûpas der natürlichen Form des Tales angepasst ist. Lange Reihen begleiten die charakteristischen Windungen der Steilwände; oder der Stûpa steht etwa einem Berg-Gipfel gegenüber, an dessen Fuss ein Wildbach droht, erbarmungslos über die Ufer zu treten. Für die Einwohner bedeuten die Stûpas einen sichtbaren Schutzwall gegen die verderbenbringenden Geister, und so findet man Reihen von Stûpas wie Schildwachen am Eingang der Dörfer und Klöster.

Uns interessiert die Vibration und die Aufgabe oder der Zweck der Stûpas. An den vier Seiten, genau in der Mitte jeder Fassade, durchquert eine Linie der Kraft den Stûpa. Man darf wohl annehmen, dass es sich hier um eine Eigenschaft seiner Form handelt, denn die Untersuchungen an massstäblich verkleinerten Stûpas weisen die gleichen vier ausstrahlenden Linien auf.

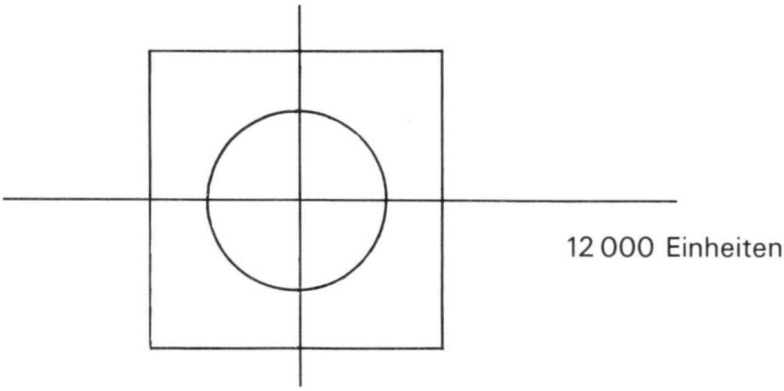

Diese bilden im Innern, im Zentrum, eine Kreuzung. Die Turmspitze kann so wie eine «Antenne» wirken und nach allen vier Richtungen ausstrahlen. Das Biometer gibt 12 000 Einheiten an. Dies ist sicherlich eine geweihte Konstruktion, die wegen der

◄ Dieser Stûpa im Sum-Tsek-Tempel in Alchi stand ursprünglich allein in der Natur. Später wurde um ihn der Tempel gebaut. Die drei grossen Gottheiten, die ihn umrahmen, vibrieren mit den bekannten 14 000 Einheiten.

Fähigkeit, Energie im Innern zu sammeln, über die Ortsgrenzen hinaus strahlen kann. Indessen sollte nicht der Stûpa dank der Vibration von 12 000 Einheiten – die überraschenderweise mit jener des Rufes der Muezzin vom Turm der Moschee aus übereinstimmt – auch die Aufgabe haben, zur Besinnung auf sich selbst aufzurufen, ähnlich unseren Kirchenglocken, deren Kraft von 13 000 Einheiten ein ruhiges Dorf in eine Art emotioneller Schwingung bringt, während sie im wirren Lärm der Stadt fast ohne Wirkung bleibt.

Zurück zu den Stûpas: Bei allen unseren Messungen an Ort und Stelle fanden sich in den Bauten diese Linien der Kraft ohne Ausnahme. War dies eine gewollte und wohlberechnete Geomantie? Wären diese Konstruktionen nicht auch eine Art Tabernakel, das die Kräfte der berühmten Nâga sammelt – also diejenige der unterirdischen Wirkung? Dies auch um den Einfluss eines Ortes zu verstärken.

Wie gross war unsere Freude, als wir im Tempel von Hemis auf einer Freske aus dem 16. Jahrhundert den Beweis entdeckten, dass der Stûpa in Kenntnis dieser Sachlage aufgebaut wurde und nicht nur toter Stein bleiben sollte. Diese Freske bestätigt die terrestrische Kraft, die durch die Schlange Nâga symbolisiert wird, welche durch das Spiel ihrer Bewegungen auf den Linien der Kraft, den Strom zum Kopf der Nâga führt, der «Antenne» des Stûpa, also nach oben. Mit den kosmo-terrestrischen Linien nach allen vier Richtungen bestreicht man so die sechs Dimensionen; im Lande sollen die Nâgas der Friedhöfe die sechs Eigenschaften der Vollkommenheit darstellen.

Betrachten wir den Stûpa mit den vier stufenförmig aufeinanderliegenden quadratischen Steinplatten als bildlichen Ausdruck der Geobiologie unserer Tage:

Eine entsprechende Parallele dazu findet sich auf einer Darstellung der Erleuchtung Buddhas; es sind die vier hohen Prinzipien:

1) die Basis – das Leiden, der Schmerz
2) die Ursache des Leidens
3) das Heilmittel gegen das Leiden
4) der Weg, der zur Aufhebung des Leidens führt.

Freske aus dem 16. Jahrhundert im Tempel zu Hemis. Sie stellt die Nâga dar – den terrestrischen Einfluss – und erhöht die Wirkung des erbauten Stûpa.

Wenn die Geobiologie heute die Grundlage, die Ursache, das Heilmittel und den Weg zur Vermeidung von Schmerzen sucht, so erklärt die buddhistische Philosophie, dass das Heilmittel für das irdische Leiden einfach in der Nichtwiedergeburt liegt! Tatsächlich glaubt man an das Leid gebunden zu sein, solange man nicht befähigt ist, sich von ihm loszulösen.

Buddhas Lächeln widerspiegelt seinen Sieg über das Leid; es drückt nicht Verachtung aus, sondern ist Einladung an die menschliche Fähigkeit, sich von Kleinigkeiten zu distanzieren, denen eine zu grosse Bedeutung beigemessen wird.

Zuweilen ist unter einem schützenden Dach eine Gruppe von drei kleinen Stûpas; sie bedeuten

die Weisheit, das Mitgefühl, die Energie.

Die drei Behältnisse stellen die Seele, das Wort und den Körper Buddhas dar. Im ersten liegt im Innern noch ein Stück Holz – Symbol des Lebens?

Der Stûpa wird das Symbol für Buddhas Allweisheit bleiben – gleich einem Wegweiser im dunklen Nebel der Unwissenheit des Menschengeschlechts.

4. DAS ERSTAUNLICHE HAUS

Schon im ersten Eindruck erstaunlich – denn es wäre nach unserer Geobiologie das Ideal für eine gesunde Wohnstätte – ohne irgendeine terrestrische Störung im Innern, ohne jede Kreuzung des Netzgitters H. Die Reizstreifen des Netzgitters H und des Diagonalgitters liegen immer in den Ecken oder in den Aussenmauern. Bei allen Messungen, sei es in einzelstehenden Häusern, in den Tempeln und den eingefügten Wohnungen, überall die gleiche überraschende Feststellung.

Worin bestand das Wissen der Konstrukteure, das ihnen in dieser himalajischen Struktur erlaubte, die Kenntnisse der Geomantie mit dem Bau der Wohnstätte zu verbinden?

Den Wunsch, dies besser zu verstehen, beflügelte unsere brennende Neugierde. Auf die Fragen, die wir stellten, sammelten wir die folgenden Bruchstücke an Antworten:

1) Das Wohlbefinden hängt hauptsächlich vom natürlichen Baumaterial ab, der gestampften Erde und den mit getrocknetem Mist gemischten Bausteinen; ihre Polarität wurde respektiert, was bei dem heute zugehauenen Stein nicht mehr der Fall ist.
2) Die globalen und diagonalen Reizstreifen konnten nicht stören, da das in dieser Himalaja-Region von Natur aus weitmaschigere Netz H die Erreichung neutraler Zonen im Innern erleichterte; somit sind diese Reizstreifen ausserhalb der bewohnten Räume. Da die Abstände derselben in der Nordsüd-Richtung oft vier Meter betragen – und mehr wenn die Wohnstätte nach einer Stûpa ausgerichtet ist – war es möglich, die kleinen Zimmer in den «Strom des Segens» zu stellen und sich auf diese Weise geschützt zu fühlen.
3) Die örtliche Radioaktivität ist überdurchschnittlich hoch. In einem Interieur mit Holzbalken an der Decke, mit Bambus und gestampfter Erde misst man die für die Harmonie des Körpers ideale Vibration von 8000 Einheiten.
4) Vor dem Beginn der Arbeit musste der günstigste Standort gewählt werden, er durfte nicht von einer unterirdischen Macht bewohnt sein.
5) Die Bauarbeiter werkten und verlegten die Bausteine psalmodierend. Ist es undenkbar, dass diese Geste, vereint mit den rhythmischen Vibrationen ihres Gesanges die Struktur des Materials veränderte und dass all dies Teil ihrer hohen Kenntnis war?

In Innern des Hauses ist also keine Netzgitterstörung. Die geologische Struktur des Himalaja ist wohl einzigartig, sodass die Erbauer der Wohnungen diese wissentlich zu ihrem Vorteil ausgenützt haben. Derjenige, der über den Standort des Bauwerkes entschied – der Onpo – war in der Regel auch Astrologe; er bestätigte die Wahl, indem er den Tag für den Beginn der Arbeiten festlegte. Lehnte er ab, so verlangte er, dass der Ort verlassen werde. Heute ist dort wie bei uns dieses Wissen verloren gegangen.

In den modernen Bauten findet man wohl das Netzgitter H mit seinen erweiterten Abständen, jedoch werden die Kreuzungen nicht mehr ernst genommen, sie können sich mitten an einem Schlafplatz befinden.

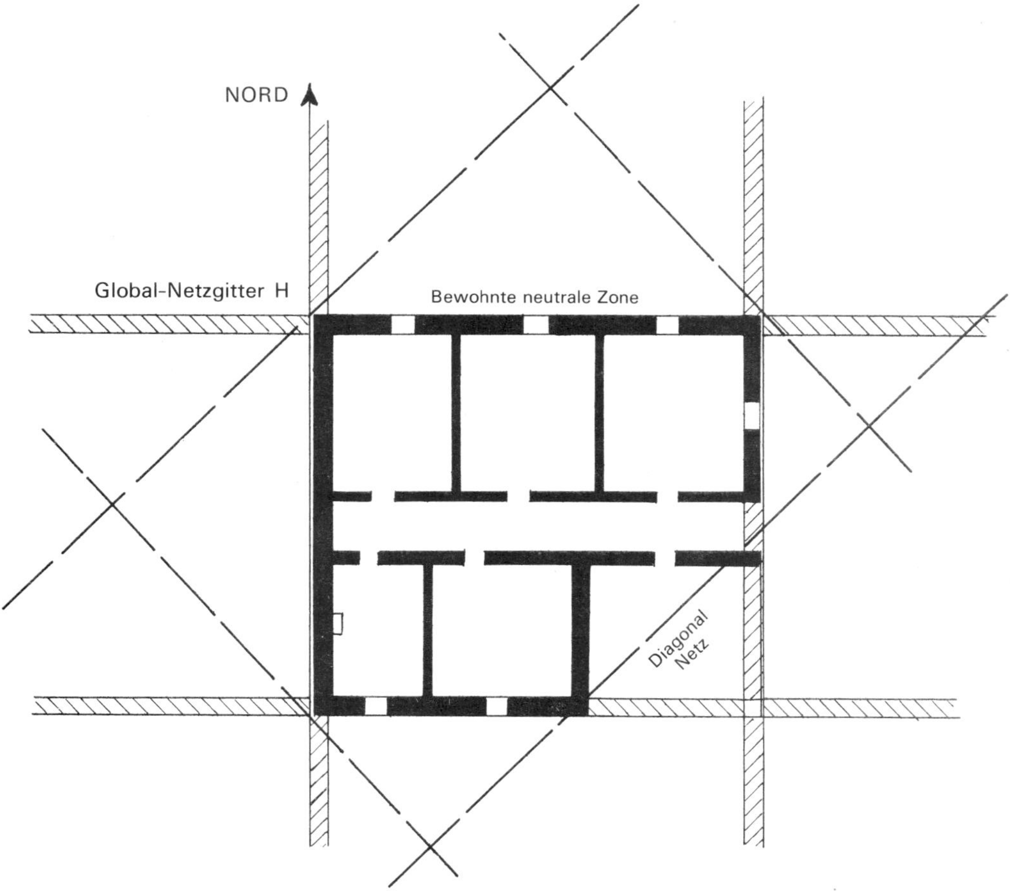

◄ Das himalajische Haus und der bewohnte Tempel.

Es gab die Möglichkeit, einen Lama – also einen Mönch mit erweiterten Kenntnissen – kommen zu lassen, der mittels einer besonderen Zeremonie die unterirdischen Kräfte zu überreden versuchte, den Bau dennoch anzunehmen. Man ist geneigt zuzugeben, dass er die Fähigkeit hatte, die Wirkungen aus dem Boden zu neutralisieren, so wie wir es mit der elektronischen Technik versuchen. Hätte man diese Vorsichtsmassnahmen nicht beachtet – und das wussten alle – würden Krankheiten die Bewohner dieser Häuser befallen. Das sind Beobachtungen, so alt wie die Menschheit, wir können nichts finden, das damit im Widerspruch stünde.

Ist der Platz einmal festgelegt, hebt man Gräben für die Fundamente die aus grossen Steinen zusammengesetzt sind. Der Holzrahmen für die Türe wird aufgestellt, bevor der Bau der Mauer beginnt. Das erlaubt, diese dem unregelmässigen Holz anzupassen. Als Verputz für die Steinmauer verwendet man einen feinen schlammartigen Mörtel. Es ist hervorzuheben, dass jedes Haus sein Gebetszimmer oder seine kleine Hauskapelle für den Gottesdienst oder für den Empfang der auf ihrem Rundgang die Häuser segnenden Mönche besitzt. Man wünschte für sich persönlich auch eine kleine Ecke für die innere Sammlung und den Dialog mit dem Göttlichen. Das Leben in der Grossfamilie ist ein Leben in Gemeinschaft, der wichtigste Ort der Begegnung ist die Küche. An ihrer Decke dient ein Loch als Rauchabzug; der blaugraue Dunst ist derart dicht, dass man sich fragt, wie man es hier aushalten kann, ohne zu ersticken.

Ist das Haus fertiggestellt, zeigt es sich wie eine Schönheit, die sich mit einer Perlenkette schmückt. Es wird mit Reihen kleiner farbiger Fähnchen dekoriert, die an einer zwischen zwei Stangen gespannten Schnur über dem Dache flattern. Dieser Schmuck wird von einem Lama während des zunehmenden Mondes angebracht und gesegnet. Die auf diese Tücher gemalten Inschriften sind Worte von Buddha, die im Winde wehen werden. Sie haben die Aufgabe, übelwollende Geister fernzuhalten.

Im Innern schläft man auf Matten, Kissen und Teppichen. Nischen mit Regalen dienen als Kasten. Der Raum für die Toilette ist ein kleiner Verschlag – Wasser jedoch gibt es selten. Während des sehr langen Winters ist also die Küche der einzige geheizte

Raum, in ihm wird dann auch nachts geruht. Die andern Räume dienen bei grosser Kälte nur als Speicher und Stall.

Die Tradition verlangt, dass sich der Hauseingang im Osten befindet, in Wirklichkeit ist er indes dem Kompass gemäss in den meisten Fällen im Südosten. Die Leute schätzen, dass es weniger wichtig ist, mit dem Kopf nach Osten zu schlafen als in der Richtung eines Klosters oder eines Stûpa zu liegen. Sie tun dies wahrscheinlich aus ihrer intuitiven Erfassung der guten Vibration.

Es ist verständlich, dass der Bewohner sich auf seine Art gegen die unterirdischen Mächte schützt, welche die Menschen mit Schmerzen in den Beinen und in den unteren Teilen des Körpers bestrafen. Die kosmischen «Gottheiten» greifen den oberen Teil an, den Kopf; dies könnte bis zum Wahnsinn führen.

Nach ihrem Glauben überwintern die Gottheiten des Unterirdischen, sodass die Hautkrankheiten im Frühling mit dem Erwachen der Natur erneut auftreten. Die Wirkung der Energien aus dem Boden bleibt fundamental. Man trifft hier eine Hierarchie von «*Elementalen*», von denen einige im Boden wohnen sollen, andere an der Oberfläche der Erde, wieder andere in den Bäumen – das geht in verschiedene energetische Grenzgebiete von den Wesen zwischen Tier und Mensch und denjenigen zwischen Mensch und seinem Schöpfer.

Die Frau, die in ihrer täglichen Arbeit gegen den Boden geneigt ist, wird in einem Konzept der Fruchtbarkeit mit der Erde verbunden; anlässlich einer Geburt wird sie abgesondert, denn der Vorgang wird als Verschmutzung betrachtet. Die Nabelschnur wird erst zwei, drei Tage nach der Geburt abgeschnitten, das Neugeborene ernährt sich noch aus der Plazenta. In der Zwischenzeit werden Zeremonien gegen das schlechte Schicksal durchgeführt; wir erinnern uns hier an die Patenfeen unserer Märchen. Man wartet zwei Monate, sogar bis zwei Jahre, bis dem Kind mit Hilfe eines Astrologen der passende Name gegeben wird.

Das tibetische Haus ist einladend, man fühlt sich wohl darin. Es entspricht dem tibetischen Gruss: «Alle Lebewesen mögen glücklich sein!» Und dies ist hier keine leere Formel. Könnte der Grund für diese entspannten und immer lächelnden Gesichter der Bewohner nicht in der harmonischen Wohnstätte zu suchen sein?

5. DIE LEBENDE NÂGA IM ALLTAG

Symbolisch ist die Nâga diese unterirdische Schlange, die vor allem unseren unterirdischen Wasserläufen und Wasseradern entspricht. Wenn heute noch bestimmte Leute dies der Legende oder dem Aberglauben zuschreiben – auf den Höhen des Himalaja ist die Nâga eine Wirklichkeit, ein konkretes Phänomen, mit dem man täglich lebt und spricht. Dieser Dialog ist für sie etwas Selbstverständliches. In bestimmten Gebieten wird der Einfluss aus dem Boden als Drache dargestellt; im Fernen Osten spricht man vom unterirdischen Krokodil, dem *Nak.*

Durch die unvermittelte Begegnung der modernen Geobiologie mit der uralten Kenntnis der Bodenkräfte ergab sich in uns ein Schock, wie nur es zwei verwandte Seelen erleben können, die sich plötzlich gegenüberstehen. Dies ergab sich in Alchi, im Lande der Ladakhi.

In einer Prozession zogen Mönche in ihrer dunkelroten Tunika trompetend und trommelnd das Dorf hinunter, um die Aufmerksamkeit der Nâga auf sich zu ziehen. Sie schritten in Richtung zum Ufer des Indus. Wer den Grund nicht kannte, dachte, sie würden den silbergrauen Wellen des Tales huldigen. Der Mönch am Ende des Zuges trug eine mit Blumen und Blumenblättern gefüllte Schale. Sein Gesicht war seltsam mit einer lebhaft roten Kutte vermummt. Er warf die Blumen in den Fluss, während die Paukenschläger ein enormes Donnerrollen ertönen liessen.

Die wahre Ursache dieser Prozession war die Krankheit einer Frau im Dorf. Das Leiden wurde der Gegenwart eines unterirdischen Wasserlaufes zugeschrieben – einer Nâga – der unter ihrem Zimmer durchfloss. Die Kranke war zeitweise in den Hüften gelähmt, weil, wie sie sagen, die Nâga erzürnt ist. Man muss diese also besänftigen, das Übel des Ortes mit Blumenblättern wegwischen und diese in den Fluss werfen.

Da wir nun diese Art Nâga auch kennen, konnten wir durch eine Mittelsperson den Rat geben, das Bett der Kranken zu verschieben – selbstverständlich mit besonderer Berücksichtigung und Respekt für ihre Ängste und mit der Versicherung, dass das Ausweichen vor der Nâga ihren Zorn nicht erneut wecken werde... indessen ist es immer heikel, an alte Vorstellungen zu rühren.

Schliesslich hat der Mensch die Wahl seines Standortes zu treffen, die Natur ihrerseits bleibt seinem Entschluss gegenüber gleichgültig.

Ritual zur Versöhnung der Nâga, um eine Krankheit im Dorf zu bekämpfen.

Die grüne Nâga.

Im Tempel Giull zu Alchi verhindert der Gott *Goruda,* dass sich zwei Nâgas überkreuzen.

Für den Eingeborenen, der immer hier gelebt und die Gesetze der grossen Natur beobachtet hat, ist das Zwiegespräch mit diesen Erscheinungen Teil seines Alltagslebens.

Die Nâgas sind also unterirdische Kräfte und die Besitzerinnen der Erde. Die Seltenheit der Wasservorkommen erklärt die Bedeutung, die den unterirdischen Gottheiten in Verbindung mit der Fruchtbarkeit beigemessen wird. Zahlreiche Zeremonien zu ihren Ehren spielen sich im Zyklus des Landwirtschaftsjahres ab. Vor der Ernte ziehen die Mönche zugunsten einer guten Ernte in einer Prozession von Dorf zu Dorf, sie sammeln sich innerlich beim Spiel ihrer sakralen Musik, gehen von einem Haus zum andern und tragen die schweren Schriftbündel aus dem Kloster mit sich. Diese Zeremonien dauern mehrere Tage. Ist die Ernte eingebracht, kann der Winter kommen. Er ist die Jahreszeit der Eheschliessung. Die Alten ziehen vor, *vor* Beginn der grossen Kälte zu sterben.

Im Tempel Giull in Alchi, wo alle Buddhas nach Südosten blicken, (auch hier diese Richtung, die man in andern Religionen findet), greifen wir die Ausstrahlungskraft des grossen Goruda heraus, der zwei Nâgas zähmt.

Hier, wie unter den Füssen Christi in Chartres, verhindert der Gott, dass sie sich kreuzen. Am Unterbau gibt es ein Gewirr deformierter Silhouetten von Tieren und Elementalen, die Dutzende komplizierter Namen tragen. Gewisse unter ihnen verschlingen mit ihrem schrecklichen Gebiss die Unterwelt der Leidenschaften. Goruda, der in die Schwänze der Schlangendrachen beisst, wird als das Gefährt des Wischnu betrachtet. Die Beziehungen und die Wechselwirkungen mit dem Hinduismus zeigen sich immer wieder, obwohl einige es bestreiten. Die reproduzierbaren Messungen, sowohl in den Hindutempeln wie in den tibetischen Klöstern ergeben bei beiden immer wieder die gleichen Werte von 14 000 Einheiten.

Die Nâgas, die gestört wurden – sei es durch eine schlecht angeordnete Konstruktion, sei es durch die Verunreinigung der Gewässer oder durch eine Beleidigung – müssen beruhigt werden. Jedermann ist darin geschult, es ist eine kollektive Handlungsweise, denn man schreibt den Nâgas die Schwierigkeiten des täglichen Lebens, die Krankheit, die Unfälle, die Trockenheit und die Überschwemmung zu. Die Fische, die ja mit der Welt der Nâgas verbunden sind, werden nicht gegessen.

Anlässlich der sakralen Feste und der Zeremonien bilden die traditionellen Tänze einen Teil des Rituals. An dem Fest in Taktok zum Beispiel tanzen Darsteller aller Gottheiten unter ihren albernen oder angsteinflössenden Masken nach einem würdevollen Einzug mit sehr langsamen Gesten und Bewegungen, die durch einzelne genaue Zeichen ihre individuelle Botschaft ausdrücken. Eine wahre Sprache.

Einer der tanzenden Mönche zieht unsere Aufmerksamkeit auf sich, weil er das Symbol einer grossen Nâga unter dem Arme trägt. Auf seinem Rücken flattern vier kleine rote Fahnen, die die vier Himmelsrichtungen andeuten. Die ausdrucksvollen Bewegungen des Rituals, die den Weg zur Harmonie zwischen Himmel und Erde herstellen, möchte man gerne besser verstehen.

Diese einstudierten Bewegungen im religiösen Tanz stimmen mit einem Ritus überein, der die Identifikation mit dem Göttlichen sucht; er versucht, die Energien in der Bewegung aufzunehmen, er will die Harmonie schaffen, wo sich die in der Unordnung getrennten Teile durch Affinität wieder finden sollen.

Was unsere europäischen Nâgas anbetrifft – ist es das gleiche – nur verwenden wir für die Bezeichnung der unterirdischen Wasserläufen eine mehr technische Sprache. Wie in allen Forschungen können jedoch die Beobachtungen von gestern interessant und nützlich sein, um diejenigen von morgen besser zu verstehen. Öfters werden solche Schritte zu einer wahren Erkenntnis führen, aber daneben schlägt sich der kleine Mann mit den verschiedenartigsten Nâgas der Welt um und riskiert dabei, sich in zu vielen Papierschlangen zu verlieren.

6. SYMPHONIE IN DER MORGENDÄMMERUNG

Im Kloster Lamayuru auf 3600 Meter Höhe, das von einem Kessel ausserordentlicher Steilwände umgeben ist, ist es sechs Uhr morgens. Es ist die Zeit des Gebets zum kühlen Anbruch des Tages. Die starke psalmodierende Stimme des Mönches in dunkelroter Sutane kann dem Besucher als eintönige Litanei erscheinen. Mit dem Biometer verfolgen wir aber die Abstufungen dieser Vibrationen und beobachten den Einfluss des gesungenen Rhythmus auf den Körper. Entspannt kann man die Stimmung aufnehmen, ohne die Worte zu erfassen, indessen verstehen wir, dass die kräftigen Schläge auf das Tamburin unser Adrenalin nicht gleichgültig lassen. Die Eingeweihten wissen es.

Der Ausführende selber kennt vielleicht die Tragweite seiner rhythmischen Lesung nicht, aber er bleibt Meister im Gefüge des Rituals. Über der Biometer-Skala beginnt das Pendel zu tanzen und zu schwingen, als ob es selbst im sakralen Spiel wäre. Es reagiert auf die Variationen der Tönungen, sodass seine Schwingungen beinahe zur musikalischen Schrift werden. Es ist eine wahre Ausbreitung feinster Wellen, die unsern physischen und ätherisch-energetischen Körper durchdringen.

Der Ablauf dieser musikalischen Meditation ist unterteilt in vier wohlgeordnete Folgen:

1) Zuerst muss der physische Körper während der ersten zehn Minuten den Einfluss des Ortes aufnehmen. Diese notwendige Anpassungszeit ist bekannt und messbar über den Hautwiderstand und das Georhythmogramm nach Dr. Hartmann. Es geht auch darum, sich zu entspannen, sich innerlich zu befreien, die klingende und ungewöhnliche Sprache an sich herankommen zu lassen. Während dieser Zeitspanne gibt das Biometer nichts Besonderes an – aber einmal berührt von der Harmonie des Spiels, steigt unsere physische Energie pfeilschnell hoch.
2) Allmählich passen wir uns dem Rhythmus des Betenden an – und dann! der schmetternde Schlag der Zimbel trifft nicht nur unser Nervensystem, sondern bewirkt sofort eine Aufladung mit physischer Energie von 8000 bis zu 10 000 Einheiten, und dies hält bis zum Ende der dritten Phase der Zeremonie an. Der schallende Schlag verursacht eine Art momentane Spannung, es ist wie ein Stich, der beinahe schmerzt.
3) Wenn der Gebetstext in einem langsameren Rhythmus gesprochen wird, stellt man eine Abnahme der Vibrationen fest, es ist ein kleines Wellental, das beruhigt. Aber jeder Schlag auf die Zimbel, deren Rhythmus stetig ansteigt, gibt den Eindruck, unser Körper würde mit Partikeln unbekannter Kräfte bombardiert bis zu beinahe unerträglichen Vibrationen von 9000 bis 11 000 Einheiten. Auf dieser Höhe wird die Brücke geschlagen, die die Verbindung mit unserem ätherisch-energetischen Körper herstellt. Man bleibt so eine Zeitlang in diesem Zustand, er hält uns gefangen bis zum Augenblick, da uns sozusagen ein Degenstreich beschleunigter Worte und ein Wasserfall von Tamburinschlägen auf die Füsse zurückfallen lässt...
   Die physische Ebene hat jetzt dank des Rituals 8000 Einheiten erreicht und ist in vollkommener Harmonie; der energetische

◄ Des Morgengebet.

Bereich signalisiert das Optimum von 13 500 Einheiten. Wie fühlt man sich wohl, leicht, wach!
Eine wirkliche Therapie!

4) Als Finale werden die wesentlichen Sätze aus dem Gebetsbuch wiederholt, um dieselben aus der vorangegangenen Lesung hervorzuheben. Das erfühlt sich wie ein Glanz auf einem Kunstwerk, der unsern physischen und ätherisch-energetischen Körper vollendet harmonisiert.
Während einer weiteren halben Stunde blitzen zeitweilig Spitzen von 11 000 Einheiten empor.
Der Schluss ist wie eine Segnung, die rät: «Geh jetzt mit der Kraft, die Du besitzest!».

Sollte diese Symphonie in der Morgendämmerung in einen Abschnitt unseres Unbewussten eingedrungen sein, könnte sie uns eines Tages zum Träumen oder Weinen bringen.

Auch das Innere des Tempels von Lamayuru ist frei vom terrestrischen Netzgitter. Jedoch an der Stelle, von wo der Mönch sein energetisches Gebet aussandte, sprühte ein konzentrierter terrestrischer Kraftpunkt. Er sass auf fünf Netzgitterkreuzungen H, auf einer Ausstrahlungskraft, die diejenige eines Menhirs weit übertrifft. So badet die ganze Umgebung von Lamayuru in der Höhe der ätherisch-energetischen Ströme mit 13 500 Einheiten. Es muss erwähnt werden, dass die ausstrahlende Kraft dieses Gebetes jeden Tag durch das Ritual der Mönche erneuert wird. So können diese Privilegierten einer «andern Welt» die Feinheiten der ausgestrahlten Vibrationen geniessen, sich einer Gesundheit erfreuen, da der physische und energetische Körper gleichzeitig beeinflusst wird. Ihre Aktivität wird auf diesem Kraftort noch durch die gemessene, hohe Radioaktivität auf den Hochebenen des Indus von 30 Mikroröntgen pro Stunde unterstützt.

Es gibt zu denken, warum im allgemeinen in den tibetischen Tempeln die Vibrationen sich auf dem Niveau des Physischen und des Energetischen halten und dass die dritte Dimension – die spirituelle Präsenz – selten feststellbar ist. In Lamayuru gibt es nur den sakralen Punkt der Meditation des Naropa, der eine höhere Strahlung aufweist.

Will nicht die buddhistische Philosophie absichtlich auf dem Niveau der Erde und des Menschen bleiben?

Es heisst, dass das Kostbarste und das was einzig gilt, darin besteht, den Frieden des Herzens zu erringen, statt sich im Sumpf bitterer, unnützer, individueller Erfahrungen zu verfangen. Der Buddhist will ein besseres Leben heute und nicht erst morgen. Er wird auf der Ebene des Mitgefühls gleich wie ein von der Nächstenliebe durchtränktes Licht bleiben. Das wird das Volk und die Mönche gewinnen. Nur der hervorragende Weise, der zur Elite gehört, wird es erreichen, sich vollständig von allen Dingen loslösen zu können.

Steine, die bei Morgendämmerung stark vibrieren

Wem fällt es leicht anzuerkennen, dass ein Stein oder Felsen lebt? Seine molekulare Struktur bleibt noch in verschiedenartigsten Formeln gefesselt. Der Stein wird beinahe allgemein in die Kategorie der leblosen Materie eingereiht.

Messen wir mit dem Biometer einen Stein der himalajischen Wüste. Am Vormittag werden es 3000 und am Nachmittag 4000 Boviseinheiten sein; auch das Oszilloskop gibt keine nennenswerte Unterschiede an. Jedoch ist die niedrigere Intensität vor Mittag nicht durch die Wechselbeziehung des Tagesrhythmus bedingt? Am Vormittag nimmt die Erde und die Sonne gibt Energien, am Nachmittag gibt im Gegensatz dazu die Erde und die Sonne nimmt. Es ist übrigens leicht dies zu überprüfen, wenn man sich am Nachmittag der Sonne aussetzt – man fühlt sich sehr müde.

Aber welche Offenbarung – sie bliebe unglaubwürdig, wenn nicht andere Forscher an andern Orten dieses Phänomen ebenfalls festgestellt hätten: Der tibetische Stein, der die sakrale Inschrift

Om mane padme hum

trägt, der tagsüber die bekannten Vibrationen von 3000 bis 4000 Einheiten aufweist, vibriert in der Morgendämmerung mit 13 000 Einheiten!

Sind das nicht Steine, die zu Tausenden auf den Gräbern und bei den Stûpas liegen, die dem Verstorbenen helfen, in vibratorischer Harmonie die Periode von 49 Tagen zu verbringen, das «bardo», den Zwischenzustand nach dem Tode, der in sieben Perioden von je sieben Tagen unterteilt ist.

Sicherlich könnte der Augenblick des Todes beruhigend wirken, wenn man sich von einem Gebetsgesang begleiten lassen könnte, mit einer der Situation angepassten Vibration, so wie der Lama sie kennt. Der ätherische Körper durchstünde die Mutation des physischen Körpers in grösserer Harmonie.

Steine die vor Sonnenaufgang mit 13 000 Einheiten vibrieren.

Gerade das ist es, was in unseren technologischen entmenschlichten Spitälern entscheidend fehlt: ein Jemand, der einem andern beim Sterben helfen würde.

Diese Vibrationen der Liebe – da sie existieren – verdienten es, entschlüsselt und ausgesendet zu werden wie Lichtwellen in die Welt. Unsere Sendestationen hätten zwischen häufig sterilem Geschwätz vielleicht einmal ein kleines Ohr dafür.

Wir sind weit entfernt von der vibratorischen Symphonie in der Morgendämmerung von Lamayuru. Bestimmen wir doch noch die geografische Lage des Klosters: nachdem man den Pass Fatu-la auf 4091 Metern Höhe überquert hat, steigt man in einen Kessel fantastischer ockerfarbiger Felsen hinunter. An diesem Ort haben wir die stärkste Radioaktivität in der nördlichen Kette von Ladakh festgestellt. Eine fromme Legende berichtet, dass früher ein grosser See die Tiefe des Tales bedeckte. Ein Schüler von Ananda, ein treuer Gefährte Buddhas, kam durch die Lüfte hieher und prophezeite, dass hier ein Kloster zu gründen sei. Er bot den Nâgas Gerstenkörner dar und schnitt das Gebirge mit seinen geistigen Kräften gleich einem Schwert entzwei. Die Wasser stürzten durch die Bresche, und fruchtbare Erde stand den Menschen zur Verfügung.

In Lamayuru, jeden morgen um sechs Uhr, findet vor Sonnenaufgang ein Gebet statt – eine unvergleichbare Symphonie.

7. DIE GEBETSMÜHLE – NUR WIND?

In verschiedenen religiösen Kreisen, jedoch besonders in der tibetischen Tradition, ordnet man der Gebetsmühle eine energetische Formel zu. Gerage das macht uns neugierig.

Ein Eingeweihter sagt, dass beim Drehen der Gebetsmühle der Kontakt zwischen dem Mikrokosmos und dem Makrokosmos hergestellt wird. Da dieser bedeutende Mann im Besitze des Wissens und eine Bezugsperson für das Volk ist, kann er nicht in Frage gestellt werden. Die Gebetsmühle enthält ein oder mehrere Gebete oder Mantras, die sehr schön auf Pergament oder Stoff geschrieben und im Innern sorgfältig aufgerollt sind. Die Worte lauten fast immer «Om mane padme hum». Solange die Mühle

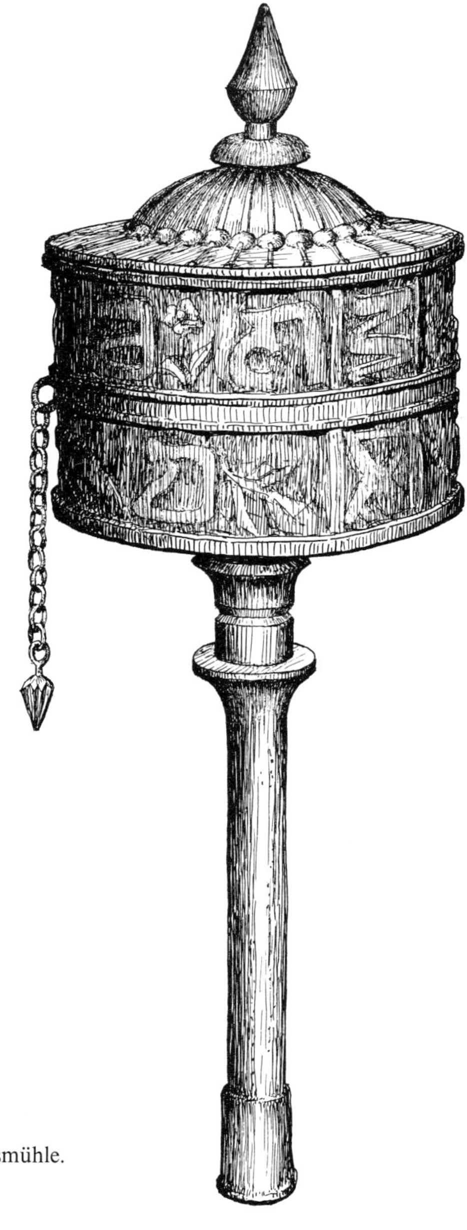

Typische Gebetsmühle.

sich dreht, werden diese Worte verbreitet. Die schweigsame Mühle betrachtet man als Gefäss einer sakralen Kraft, die im geschriebenen Wort eingeschlossen ist. Sobald sie in Aktion ist, wird sie einen fördernden Einfluss haben.

Beim Beobachten älterer Leute, die sich bemühten, während einer sehr langen Zeremonie sich aufrecht zu halten, war es interessant zu sehen, dass sie bei Ermüdung und bei Nachlassen ihrer Haltung ihre Gebetsmühle in die Hand nahmen und sie im Uhrzeigersinn drehten. Nach kurzer Zeit streckten sich unweigerlich die Körper in froher Zuversicht.

Besteht wirklich eine Zufuhr von Energie – oder ist der Glaube eines der besten Plazebos?

Diese Leute sind vielleicht für die Auswirkung einer Gebetsmühle empfänglicher als wir, denn unsere wiederholten Versuche mit diesem Objekt und dem Biometer veränderten die Vitalität des physischen Körpers nicht direkt. Jedoch erhöhte sich erstaunlicherweise die Energie auf der Ebene des ätherisch-energetischen Körpers. Durch Wechselwirkung würde dann dennoch die physische Kraft betroffen und verstärkt.

Und wem es Spass macht, die Gebetsmühle über dem Kopf immer nach rechts zu drehen, der spürt dieselbe Anregung wie bei einer Massage oder einer Magnetisierung durch die Hand.

Wer zweifelt, soll im Gegenteil die Mühle nach links drehen, er könnte – sicher jedoch sein Hund – überrascht feststellen, dass es nicht nur Wind ist.

Der Europäer mit seinem herablassenden Blick wird Mühe haben, diese andern Werte zu begreifen, die für die Einheimischen Wirklichkeiten und Lebenshilfen sind. Auf unsere Fragen behalten die Lamas, die uns immer liebenswürdig empfangen, ein Lächeln, welches ebensogut ihre Gedanken und ihr Geheimnis verschleiern kann.

Für uns ist die stillstehende Gebetsmühle in einer Nische ein Objekt ohne Besonderheiten. Sie verdient bewundert zu werden, wenn sie aus ziseliertem Kupfer ist, wie einige Modelle aus dem 18. Jahrhundert, oder wenn sie aus schön patiniertem Holz oder mit altem Leder überzogen ist. Man steht allerdings nicht wenig schockiert – und das ist verständlich – vor Gebetsmühlen aus Konservenbüchsen, die noch die originale Markenbezeichnung tragen.

Vor stillstehenden Gebetstrommeln zeigt das Biometer nur die Vitalität des Ortes an. Die bewegte Mühle schafft sofort in der Umgebung eine Vibration von 12 000 bis 13 000 Einheiten. Jeder Vorübergehende wird zweifelsohne bewusst oder unbewusst seinen erfrischenden Tropfen ätherischer Energie erhalten haben. Wenn er verschlossen und unempfänglich ist, wird er aber nur das Brennen des Staubes in seinen Augenlidern verspüren. Man muss sagen, dass die Formel «Om mane padme hum» bei jeder Gelegenheit ausgesprochen wird, wobei die Menschen deren Sinn oft nicht kennen. Das Mantra bedeutet: «Gegrüsst seist Du, Juwel der Lotosblume». Das ist die Allegorie des Mandala. Das Zentrum, dieses Juwel, ist der meditierende Buddha.

Vergessen wir nicht die unzähligen kleinen Fähnchen und die Tücher an den Stangen mit den eingeschriebenen heiligen Worten oder Gebeten. Die Stoffe zerfallen wegen der Unwetter rasch und müssen oft erneuert werden. Eine Fahne in gutem Zustand und in Bewegung kann ihre Umgebung beeinflussen und wenn die notwendige Vibration erreicht ist, wird sie auf den ätherischen Körper einwirken. Alles ist Lebensvibration. Die verwaschene Fahne jedoch verliert, selbst vom Winde bewegt, jeden Einfluss. Nur mehr der Seufzer des Windes wird noch gehört werden.

Es gibt an bestimmten Kraftorten tibetische Mönche, die sozusagen ungebildet sind. Wie kommt es aber, dass sie plötzlich mehrere moderne Sprachen sprechen oder uralte lateinische und griechische Texte fliessend lesen können?

Das ist sehr verwirrend. Ist es die Kraft des Pfingstgeistes, wo jeder mit der göttlichen Flamme verbunden, sich in fremden Sprachen ausdrücken konnte? Diese grossartige Fähigkeit der Identifizierung im Augenblick der universellen Kommunikation – kann sie bei diesen bescheidenen Mönchen vermutet werden? Für denjenigen, der es verspüren kann, strömt von ihrem Wesen eine ruhige Kraft aus, die von der Vibration des sakralen Ortes durchdrungen ist.

Jedoch ist es nicht jedermann gegeben, ihnen zu begegnen...

VI. CHARTRES

1. DIE AUSDRUCKSKRAFT VON CHARTRES

Zu all dem, was bereits bis heute über die Kathedrale von Chartres gesagt und geschrieben worden ist, soll die Geobiologie hier nur einige Fragmente hervorheben und ergänzen.

Die Nordostorientierung des Bauwerkes, die der Anordnung eines unterirdischen Wasserlaufes angepasst ist, ist bekannt. Andere Bauten dieser Art wurden ebenfalls in erster Linie in Bezug auf die Richtung und Wirkung des unterirdischen Wassers und erst in zweiter Linie hinsichtlich der Himmelsrichtungen errichtet.

In Chartres genügt es, ausserhalb der Kathedrale zu beobachten, wie die Bäume über dem unterirdischen Wasser bis ins Astwerk hinauf mit Moos bedeckt sind: als sichtbarer Hinweis auf eine dauernde durch Kapillarwirkung verursachten Feuchtigkeit. Ungefähr 15 Meter vom Gebäude entfernt, auf der südwestlichen Seite, hat eine starke geologische Verwerfung von ungefähr 80 cm Breite eine für den Einfluss des Ortes sicherlich nicht zu vernachlässigende Bedeutung. Man könnte sich fragen, ob hier nicht eine Analogie zu den bereits erwähnten Sperrlinien H um die ägyptischen Tempel besteht!

Das Element *Wasser* befindet sich sehr häufig auch unter den religiösen Stätten des Okzidents, wo auch da die Allegorie der Schlange – hier der «Wuivre» – anschaulich dargestellt wird. Die Spur der Kelten, alter Skandinavier, ist auch in Chartres anzutreffen, das seinen Stolz nicht verbirgt, das grösste bekannte gotische Gewölbe zu besitzen.

An diesem Kraftort, einem der bemerkenswertesten am Sternenhimmel der französischen Kathedralen wie auch an allen

Pilgerorten am weiten Sankt Jakobs-Weg bis nach Compostela, spielen keltische und druidische Symbole Verstecken. Ursprünglich erschien nirgendwo die Darstellung des gekreuzigten Christus. Warum zeigt man den Gläubigen immer wieder die Gestalt eines gemarteten, sterbenden Körpers? Sie werden schliesslich durch das Übermass der Darstellung des Leidens abgestumpft und nicht mehr beeindruckt sein; das Übermass führt zur Gleichgültigkeit. Die Darstellung des Gekreuzigten erscheint übrigens erst ab dem 12. Jahrhundert.

Die Planung und die Konzeption der eingeweihten Erbauer hingegen zeugte vom Respekt und dem Ruhm für ein Gotteshaus, in dem man ausschliesslich dem *lebendigen* Geist Gottes huldigte.

Das leere Kreuz wird so zum deutlicheren Bild seiner Lehre, der ewigen Wechselwirkung zwischen der Erde und dem Himmel, wo die Senkrechte die Qualität, die Erhebung – die Horizontale, die Quantität und die Weite ausdrücken. Die Vertikale deutet auf das Wort hin «Suche in erster Linie das Gottesreich», erst dann kommt die Horizontale mit den beiden offenen Armen in Richtung auf den Nächsten. Beim Festlegen des Grundrisses der Kathedralen wird am Boden das Kreuz schematisch markiert, es stellt das Pentagramm dar, in das sich der menschliche Körper einzeichnen lässt.

Von jeher hat man Chartres eine Kraft des Ortes zugeschrieben, dessen Energie auch für den ungläubigen Menschen spürbar ist. Zuweilen hat man diese durchdringende Kraft einzig durch die Gegenwart terrestrischer Ströme erklären wollen, was für die heutige Terminologie aber doch etwas unklar wirkt.

Diese Kathedrale ist mehr als nur ein Meisterwerk; diese Wesenheit aus Stein verhält sich wie ein physischer Körper, er ist die materielle Stütze eines dem Gebäude eigenen ätherischen Körpers. Das Ganze wird versorgt durch den dauernden Kraftstrom des Bodens und durch den bewusst aufgefangenen kosmischen Energiefluss.

Kathedrale von Chartres: Zwei «Wuivres» unter den Füssen des Heilands... Verhinderte Kreuzung? ▶

Das ist es, was uns anzieht und uns überwältigt.

Das umgrenzte Chor, die Fläche zwischen den Chorstühlen, ist frei von Reizstreifen H und auch ohne jede andere Kreuzung. Dabei zeigen unsere Messungen eine natürliche Neutralisation dieser Zone an, die man ohne Zweifel mit dem Spiel der Glasfenster in Verbindung bringen kann; sie verstehen, die kosmische Strahlung zu filtrieren und die der menschlichen Zelle angemessenen und sie harmonisierenden Schwingungen zu schaffen. Die Anordnung der Wasserkanäle, die an einem bestimmten Punkt im Zentrum des Chores zusammentreffen, nimmt vom Boden her einen grossen Anteil an der besonderen Wirkung des Ortes. Die Konstrukteure verstanden es, in dieser Zone die terrestrischen Kreuzungen des Raumgitters H zu vermeiden; man weiss aus der Geobiologie, dass der Mensch, der sich auf den terrestrischen Kreuzungen aufhält, grosse Mühe hat, sich zu konzentrieren.

Der unterirdische Wasserlauf wird – wie bereits erwähnt – überall symbolisch als Schlange dargestellt. Betrachten wir das südöstliche Portal genauer: Eine der schönsten Skulpturen stellt Christus dar, der ernst und majestätisch durch die Jahrhunderte resigniert die Eifrigen und die Lauen unter diesem Portal durchgehen sieht. In der einen Hand hält er das versiegelte Buch der grössten Offenbarung aller Zeiten. Die drei Grundlagen der Templer-Baumeister offenbarten sich darin, die klassische Intelligenz (die griechische) mit dem keltischen Fachgebiet, der Tradition und dem Ritus zu verbinden.

Unter den Füssen des Christus befindet sich die Allegorie der zwei terrestrischen Reizstreifen; dei beiden Drachenschlangen kommen von zwei verschiedenen Seiten und es fehlt nur wenig, dass sie sich kreuzen würden – jedoch unter der Macht Christi werden sie daran gehindert. Der Eingeweihte des Bauwerks weist so auf die Fähigkeit hin, diese Kreuzungen durch eine Kraft, wie man sie auch nennen mag, zu neutralisieren.

Diese Darstellung bringt die mögliche Überlegenheit eines geistigen Einflusses über eine terrestrische Dynamik zu Tage, die oft heimtückisch unter unseren Füssen liegt.

2. EIN VERSTOSS GEGEN DAS ALTE WISSEN

Das Chor von Chartres ist an sich ein kleines Universum. Die Musik der Bauelemente, die von den anonymen Erbauern harmonisch zusammengefügt worden waren, schwingt in den disziplinierten, geschwungenen Formen. Diese Mönche, die den Bau errichteten, standen sicherlich ständig im Zwiegespräch mit ihren unsichtbaren Helfern. Platon wusste es besser als wir, als er sagte, dass die Seelen vor dem Heruntersteigen in die Körper himmlische Konzerte angehört hätten und sich dessen erinnerten...

Hier treffen sich Philosophie und Mathematik gleichwertig in einem Höhepunkt. Jene grossen Architekten verachteten die Geheimmittel der Alchimie nicht, ebensowenig die Astrologie und das vielseitige Wissen über das Bauen mit dem bearbeiteten Stein. Die Steinblöcke, die sich zum Himmel erheben, scheinen eine Kraft mobilisiert zu haben, mit einem begeisterten Elan, dessen Urheber der Mensch ist.

Wie viele gibt es, die diese Musik weder hören noch vestehen!

In diesem Chor fernab vom Lärm der Welt müsste es so sein, dass das Netzgitter H keine Störung mehr bringt. Tatsächlich ist diese auserwählte und privilegierte Zone neutral, also vollständig frei von Reizstreifen und Kreuzungen. Diese Streifen sind in allen vier Richtungen abgelenkt. Zwischen dem Chor und den Gläubigen findet man ein reichliches Paket konzentrierter Reizstreifen, das wie eine Schutzwand für die Geistlichkeit wirkt, aber die Verbindung nicht ausschliesst.

Die Anlage des Bauwerkes war ursprünglich so festgelegt, dass die Konzentration der Streifen auf den Umkreis des Chors zu liegen kam, hinter das Chorgestühl. Die hohen kirchlichen Würdenträger mussten sich geborgen fühlen, aber dieses Privileg dauerte nur bis zum 18. Jahrhundert! Warum diese überraschende Feststellung: Diese störenden, ja aggressiven Streifen führen heute in Längsrichtung unter den beiden Chorgestühlen! Sicherlich haben die erfahrenen Konstrukteure dies nicht gewollt. Was war geschehen?

Im Rahmen einer systematischen Erforschung der Ursachen muss man hier annehmen, dass sie in den Umbauten der

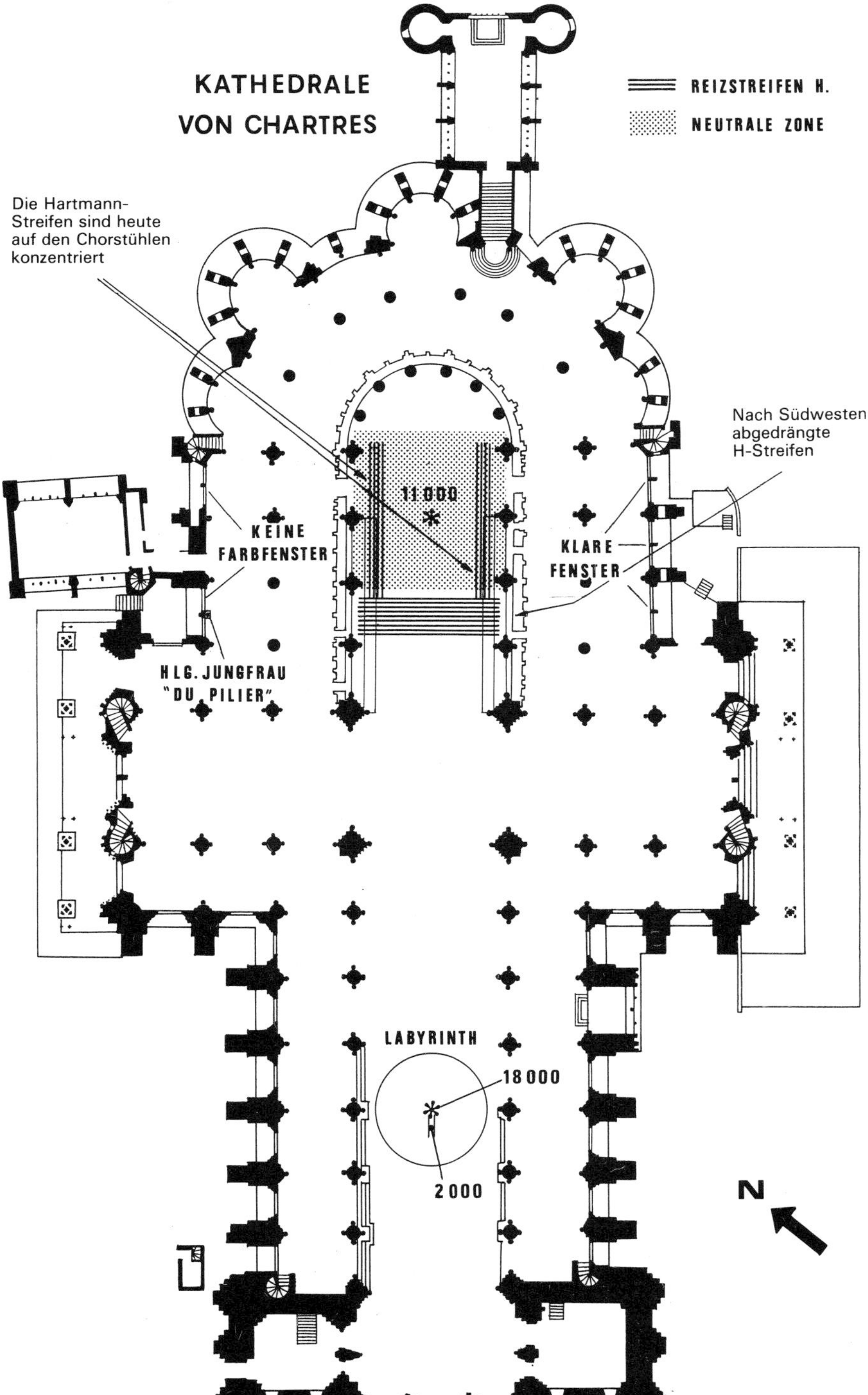
KATHEDRALE
VON CHARTRES
REIZSTREIFEN H.
NEUTRALE ZONE
Die Hartmann-Streifen sind heute auf den Chorstühlen konzentriert
Nach Südwesten abgedrängte H-Streifen
11 000
KEINE FARBFENSTER
KLARE FENSTER
HLG. JUNGFRAU "DU PILIER"
LABYRINTH
18 000
2 000
N

folgenden Jahrhunderte liegen, die unglücklicherweise von Unwissenden durchgeführt wurden.

Wenn auch die Alchimie heute noch nicht anerkannt ist, so muss man sich dennoch mit Bewunderung vor den grossen Farbfenstern von Chartres verneigen. Besonders hier sind sie ausserordentlich: In geschwungenes Masswerk sind durchsichtige farbige Mineralien eingesetzt, die eine angenehme neutralisierende Einwirkung ausüben. Die Farbe spielt ebenfalls eine wesentliche Rolle: Die alten Weisen behaupteten, dass diese Scheiben so gewählt wurden, dass sie Lichtpartikel zurückhalten konnten, die der Weihe schädlich sein würden. Tatsächlich fühlt man sich von einer Energie durchdrungen, die ihren Namen noch nicht zu erkennen gibt.

Ursprünglich war die Konstruktion als Harmonie aller Elemente und Parameter gedacht. Warum ist im Chor das Netzgitter H enger geworden wie ein Kummergesicht, um den Frieden im Chorgestühl zu untergraben? Kratzt man etwas an der Patina der Geschichte, so vernimmt man, dass im 18. Jahrhundert je zwei farbige Fenster links und rechts vom Chor durch grosse, klare Scheiben ersetzt wurden, die sich immer noch dort befinden. Grund genug, betroffen zu sein, wenn man erfährt, dass diese prächtigen hohen Farbfenster – die ebenso wie die noch bestehenden auch in der Dämmerung wie am hellen Tag leuchteten – auf Verlangen des Bischofs Bridan im Jahre 1770 zerstört wurden, nur damit ihn die Gläubigen im vollen Licht besser bewundern konnten!

Wie dem auch sei, diese Änderung ist ein Verbrechen und man kann den Verantwortlichen dieser Sakralbauten nicht genug einhämmern: Bei Umbauten und Reparatur – Rücksicht auf das ursprüngliche Wissen!

Kleine Zwischenbemerkung

Das Herz zieht sich auch beim Eintritt in die Kathedrale von Notre-Dame in Paris schmerzhaft zusammen. Seit mehr als einem halben Jahrhundert wird dieses Bauwerk mit schadenbringenden, von gelehrten Unwissenden angeordneten Arbeiten gequält, die schlimmer sind als Zerstörungen durch Korrosion. Zahllose elektrische Kabel werden in gähnende Gräben gezwängt; sie sind nun die modernen dicken Kunststoffschlangen, die ein neues Raumklima der Notre-Dame schaffen! Wird der Besucher von morgen, der dort eintritt, noch auch nur eine Spur dieses heiligen Gefühls erleben – oder wird das Bauwerk nur zu einem toten Buch aus Steinen in einer staubigen Dämmerung werden?

Auch da ist die Folter noch nicht abgeschafft!

3. EINE SPUR EKSTASE

Dieser sorgfältig begrenzte Chor sollte auch ein schützendes Gewölbe für den kenntnisreichen Menschen sein, der versucht, ein heiliges Unsichtbar lebendig und gegenwärtig werden zu lassen. Dieses spezifische Verbundensein mit einer geistigen Intelligenz kann sich im Menschen nicht an jedem beliebigen Orte einstellen.

Im Zentrum des Chors, wo merkwürdigerweise vierzehn unterirdische Wasserläufe zusammentreffen – deren Besonderheiten im Kapitel VI a) mit den dazugehörigen Abbildungen dargestellt werden – gibt es eine bestimmte Stelle, die zum höchsten Punkt des gotischen Gewölbes die gleiche Distanz aufweist wie zum interirdischen Wasser (rund 37 Meter).

An diesem Platz fühlt sich der Mensch schwerelos.

Da besteht eine Vertikale, die wie eine tragende Welle dem Menschen erlaubt, sich als kleines Nichts in höhere Sphären getragen zu fühlen. In einer Abhandlung über die alten Kenntnisse heisst es, im Zusammenhang mit der Medizin von Asklepios: zwei ausgerichtete Objekte haben auf halber Distanz zwischen sich eine einflussreiche Zone. Je nach ihrer Orientierung erscheint dort eine Linie der Kraft.

Hier verschafft die Erde Chartres ein einzigartiges Geschenk: Diese Stätte erhebt den Menschen auf einen ätherischen Knotenpunkt, gleichsam in einen Zustand der Gnade. Hier musste der Priester seinen ursprünglichen Platz gehabt haben. In bezug auf diesen alten Standort bestehen verschiedene Auffassungen. Sicher ist, dass der Altar verlegt wurde und dass an seinem derzeitigen Platz eine Strahlung von Formwellen besteht, die nichts gemeinsam hat mit dem alten, unvergleichlichen und von den Erbauern gewollten Knotenpunkt. Das Biometer gibt hier 11000 Einheiten an.

Die starke Wirkung an diesem Kraftort wird durch den grossen Bogen des unterirdischen Flusses, kombiniert mit den 14 Kanälen, die Wasser herbeiführen, erhöht. Das Prinzip verschiedener Kreuzungen wiederholt sich hier, diejenigen des Wassers, des gotischen Gewölbes, des unter Spannung stehenden Steins. Die ausserordentliche Empfindung an diesem Punkt stellt sich nur ein, wenn der Mensch aufrecht steht. Die waagrechte Welle des Raumgitters H liegt so auf der Höhe des Sonnengeflechtes des Menschen und der erhobenen Arme. Auf dem Niveau des Bodens verschwindet dieser Effekt. So konnte nur der aufgerichtete Mensch die Erhebung wahrnehmen, die mit der Freude des Bergsteigers, der den Gipfel erklommen hat, verglichen werden könnte.

Kann sich der Priester von heute noch oft das Privileg leisten, über den gewöhnlichen Sterblichen zu schweben? Er wird oft genötigt sein, nachdem er sich an die Vibrationen höherer Gesetze gewandt hat, diese an die niedrigeren Bedingungen anpassen zu müssen.

Die Schleife des unterirdischen Flusses und ein Arm des Kanalfächers unter der Kathedrale versorgen auch den Brunnen der «Saints-Forts», («Heilige Kräfte»). Ist das nicht eine inhaltsreiche Benennung, denn wir haben hier die Vereinigung zweier Merkmale – des kräftigen Wassers mit therapeutischer Wirkung für die «Forts», die Kräfte, und dasselbe Wasser, das für die Initiationsriten dient, für die «Saints» und zur Heiligkeit führt... Gewissermassen ein Geburtsort zweier hervorragender Eigenschaften, dargeboten am Rande eines Brunnens.

4. VERKANNTES LABYRINTH

Das Labyrinth einer Kathedrale besteht aus einer Anzahl von konzentrischen Kreisen, die an bestimmten Stellen unterbrochen oder so verbunden sind, dass sie einen seltsamen und verwirrenden Pfad darstellen. Besonders betont wird der komplizierte Entwurf und die Schwierigkeit, den richtigen Weg zu finden und abzuschreiten. Der umwegreiche Pfad hat die Aufgabe, die Ankunft im Zentrum, das der Wanderer erreichen will, stark zu verzögern. Der Eintritt in das Zentrum als Abschluss eines Einweihungsweges sollte jenen verschlossen sein, die hierfür noch nicht ausreichend vorbereitet waren.

In symbolischer Form sollte der Weg eine Pilgerreise in das heilige Land darstellen und diese auch ersetzen. Der Gläubige, der sich diese weite Reise nicht selbst leisten konnte, durchschritt mit dieser Vorstellung das Labyrinth bis er endlich das Zentrum

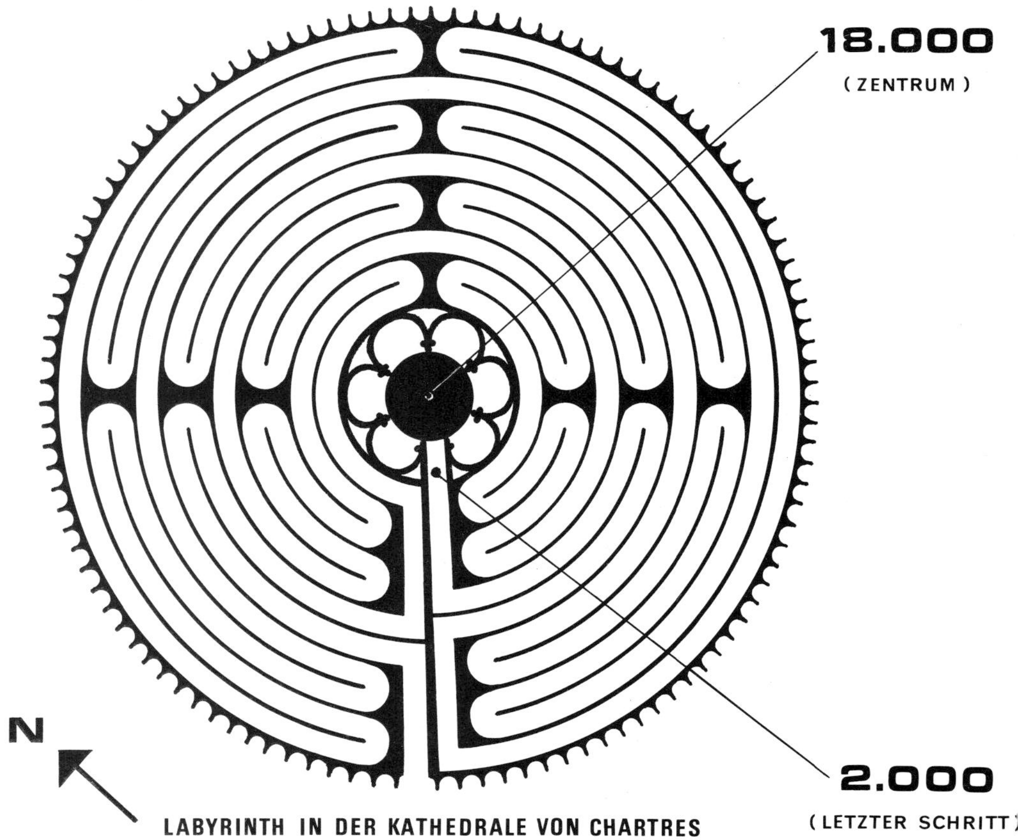

LABYRINTH IN DER KATHEDRALE VON CHARTRES

erreichte. Hier war er am Ziel – «im heiligen Land». Den Weg, der in Chartres wohl an die 200 Meter lang ist, legten einzelne sogar auf den Knien zurück.

In Chartres ist das Labyrinth eine in den Boden eingelassene Einlege-Arbeit aus grauweissen und schwarzgrünen Steinplatten. Für den Besucher ist es nicht immer leicht erkennbar; wenn man vom Haupteingang her kommt, wird es oft von einer Flut von aufgestellten Stühlen zum grossen Teil verdeckt.

Für das Abschreiten des im Boden vorgezeichneten Weges galten besondere rituelle Vorschriften, bestimmte Abschnitte wurden barfuss im Tanzschritt zurückgelegt – unsere Schuhe bedeuteten eine Abschirmung.

In der Umgebung des Labyrinthes zeigt die Vibration nur den üblichen Durchschnittswert von 6500 Einheiten, also nichts Aussergewöhnliches. Sobald man jedoch seine Kreise betritt; badet man in einem harmonisierenden Strom von 8000 Einheiten; bei weiterem Fortschreiten wird man allmählich auf das höhere Niveau der Schwingungen des ätherischen Körpers gehoben – bis zu 13 500 Einheiten. Spielte hier nicht eine Aufladung bis zu einem Maximum von Energie, durch die Reibung der Bewegungen, auch eine Rolle?

Bei dem letzten Schritt vor dem ersehnten Zentrum fiel jedoch zu unserer Überraschung die Intensität auf den erschrekkend niedrigen Wert von 2000 Einheiten – da wanken die Knie.

Doch muss man nicht erst fallen und demütig werden, um dann den Sprung in die Freude ganz zu erfassen?

Im Zentrum überrascht uns eine Intensität von 18 000 Einheiten – in Ägypten entspricht das dem Initiationsort des Pharao!

Das Labyrinth war ein Einweihungsweg; heute ist er in Gefahr, nur mehr zu einem alten Märchen zu werden, das man gerne in unsere Zeit herüberretten möchte. Heute ist man eher wie das kleine, ängstliche Kind, das sich bemüht, den rechten Weg zu finden und sich nicht zu verirren. Der eilige Tourist, der fast im Laufschritt darüber eilt, wird kaum etwas Geheiligtes verspüren.

Eine andere Annahme deutet das Labyrinth als eine archetypische Darstellung unseres Gehirns. Unmittelbar rund um das Zentrum liegen sechs halbkreisförmige Nischen, in denen die menschlichen Gedanken kreisen sollen – in denen man sich aber auch verirren könnte. Oder sollte dies etwa die Andeutung von den zweimal drei Entwicklungsstufen unserer menschlichen Seele darstellen?

So ist das Zentrum der weisse Stein – ein Akkumulator eines kosmisch-terrestrischen Stromes, wo sich die verlorene Einheit des Menschen wieder einstellt, der sich in der Vielfalt seiner Begierden zersplittert hat.

Ein Wissen wie dieses kann doch nicht nur aus Zufälligkeiten entstanden sein!

5. EINE MYSTERIÖSE HEILIGE – NICHT UNBEDINGT HARMLOS

Ihr Standbild steht links im Hauptschiff der Kathedrale von Chartres. Es ist nicht die berühmte «Schwarze Jungfrau», jedoch ebenso dunkel, stammt aus dem 15. Jahrhundert und wird von den Gläubigen hoch verehrt.

Hier ist wieder eines der Mysterien von Chartres:

Sie hilft oder straft nach ihrem Ermessen.

Ihr Standort in der Kathedrale ist einzigartig, er hat uns in ein unerwartetes erstaunliches Abenteuer gestürzt.

Im engen Bereich vor der Statue – wo die Betstühle stehen – beträgt die Intensität der Strahlung bereits 9000 Biometer-Einheiten, ein deutlich erhöhter Wert. Dies ist eine Kraft, die bereits einen sehr starken Einfluss auf den physischen Körper ausübt; auch das Georhythmogramm nach Dr. Hartmann zeigt im Vergleich zu den anderen Zonen des Fliesenbodens der Kathedrale bedeutende Unterschiede. Längeres Verweilen an dieser Stelle wird von vielen Menschen schlecht vertragen, sie geraten in einen nervösen Aufregungszustand. Was an Ungewöhnlichem kann es hier in unmittelbarer Nähe der Jungfrau vom Pilier geben? Nähert man sich ihren Füssen, so wird man von einem Schauer überlaufen oder zur sofortigen Flucht gedrängt. Kinder weigern sich, an ihr vorüberzugehen – ausser sie werden von der Hand ihrer Mutter dazu gezwungen, der sie geängstigt folgen müssen.

Hier herrscht etwas Aussergewöhnliches: Die Biometer-Anzeige ist erschreckend niedrig, weniger als 1000 Einheiten, vergleichbar dem Schwindel eines Stürzenden, dem plötzlichen Übergang zu einem fiktiven Tod. Auch hier wieder ist ein Platz, an dem man in die Tiefe gezogen wird, bevor man die nächste Schwelle zur Höhe überschreiten darf. Warum sind hier um uns diese geplagten Menschengesichter, die sich anscheinend verzweifelt an einen Faden der Hoffnung klammern? Die ganze Atmosphäre ist bedrückend. Wir fragen uns, ob man sich hier nicht an einer jener Stellen befindet, wo die eingeweihten Meister des Baues – wie geflüstert wird – versteckte Energie-Katalysatoren in das Skelett der Kathedrale eingebaut haben.

Die offenkundige, aber unerklärliche Wirkung beunruhigt uns und weckt unsere Neugier. Wir beschliessen, in dieser ungewohnten Ausstrahlung so lange auszuhalten, als wir es ertragen können. Einige von uns fühlen sich zunehmend unbehaglich, erschöpft, zerschlagen. Sobald Anspannung und Kopfschmerzen unerträglich werden, kommt es zur Flucht von dieser unheimlichen Stelle.

«Bis jetzt sind das nur Gefühle, aber nichts Objektives» – könnte man einwenden. Aber als wir das dämmrige Gotteshaus verlassen hatten und wieder an der frischen Luft waren, sahen wir uns gegenseitig mit grossen Augen an: Unsere Haut war dunkel, fast wie verbrannt. Ohne Zweifel hatte eine heftige Hautreaktion stattgefunden, wir hatten beinahe die Pigmentierung der Statue angenommen. Man könnte dies noch immer für unwahrscheinlich halten, doch mussten wir schon früher unter anderen Versuchsbedingungen eine ähnliche Erfahrung machen! Anlässlich von Experimenten – jedoch unter unzureichenden Voraussetzungen mit einer noch kaum bekannten ungemeisterten Energieform, einer Teilchen-Strahlung, deren kleinste Partikel Tachyonen genannt werden. Nach Berichten von amerikanischen, russischen, japanischen und australischen Forschern soll sich die Energie dieser Teilchen dem unvorstellbaren Betrag von 880 Millionen Volt pro Zentimeter nähern. Wir wollen jedoch dem Thema nicht vorgreifen und kommen am Ende des Buches darauf zurück.

Unsere Messungen mit dem Biometer genau vor der Jungfrau, nähern sich der Intensität und Durchdringungskraft denjenigen, die man direkt vor dem Bildschirm des Farbfernsehers registrieren kann.

Jedenfalls: Die Jungfrau «du Pilier» ist durchaus nicht harmlos. Wir, die kaum etwas von ihren Mysterien kennen, haben wohl unwissend und ungewollt an diesem heiligen Ort eine Störung begangen und dafür auch die Folgen zu spüren bekommen.

Vergessen wir nicht, dass der neugierige Forscher oder auch die leichtfertige Versuchsperson solche Versuche mit unbekannten Kräften manchmal sehr teuer – unter Umständen mit seinem Leben – zu bezahlen hat; erinnert sei hier nur an Leiden und Tod von Marie Curie und Röntgen.

So scheint Chartres wirklich noch ungeklärte Mysterien zu besitzen, es ist hier sicher nicht ratsam, mit unbekannten, noch nicht erforschten Kräften zu spielen, die den Unerfahrenen in Gefahr bringen kann.

Unserer Erfahrung können wir nur hinzufügen:

«Nach dem Stand unseres Wissens nicht erklärbar.»

6. UNTERSUCHEN WIR EINE LEGENDE

Die Anziehungskraft alter Erzählungen und Sprichworte ist auch heute noch unwiderstehlich, oft enthalten sie eine verborgene Wahrheit.

Gemäss einer Legende, aber auch nach dem Bericht des Historikers Froissard, belagerte die Armee des Königs von England um 1360 die Stadt Chartres. König Eduard II. hatte sein Feldlager in der Nähe von Bretigny aufgeschlagen, etwa 8 km von Chartres entfernt. Dort soll er eines Morgens bei blauem Himmel den Befehl zur Erstürmung der Stadt gegeben haben. Da entlud sich plötzlich über dem Lager ein nicht vorhersehbares, furchtbares Gewitter. Nach der Legende fielen «so grosse Steine vom Himmel», dass Ross und Reiter erschlagen wurden.

Der verzweifelte König hätte daraufhin die Arme in Richtung der Kathedrale erhoben und die Jungfrau Maria von Chartres angefleht, diesem Unheil ein Ende zu machen. Dafür gelobte er als Busse mit Frankreich Frieden zu schliessen. Und siehe da: Das erflehte Wunder geschah, das Gewitter zog ab, ohne weiteren Schaden anzurichten.

Natürlich mussten auch wir uns den Ort des alten Feldlagers ansehen. Zu unserer angenehmen Überraschung lag vor uns eine weite unverbaute Landschaft, wohl dasselbe Bild wie zur Zeit der erwähnten Epoche. Von Bretigny, südöstlich von Chartres gelegen, sieht man mit freiem Auge die beiden Türme der Kathedrale – zwei gewaltige Antennen kosmischer Kräfte?

Etwa eineinhalb Kilometer östlich, zwischen Bretigny und Chandres, finden wir in den weiten Feldern den Platz des alten Feldlagers. Warum gerade hier?

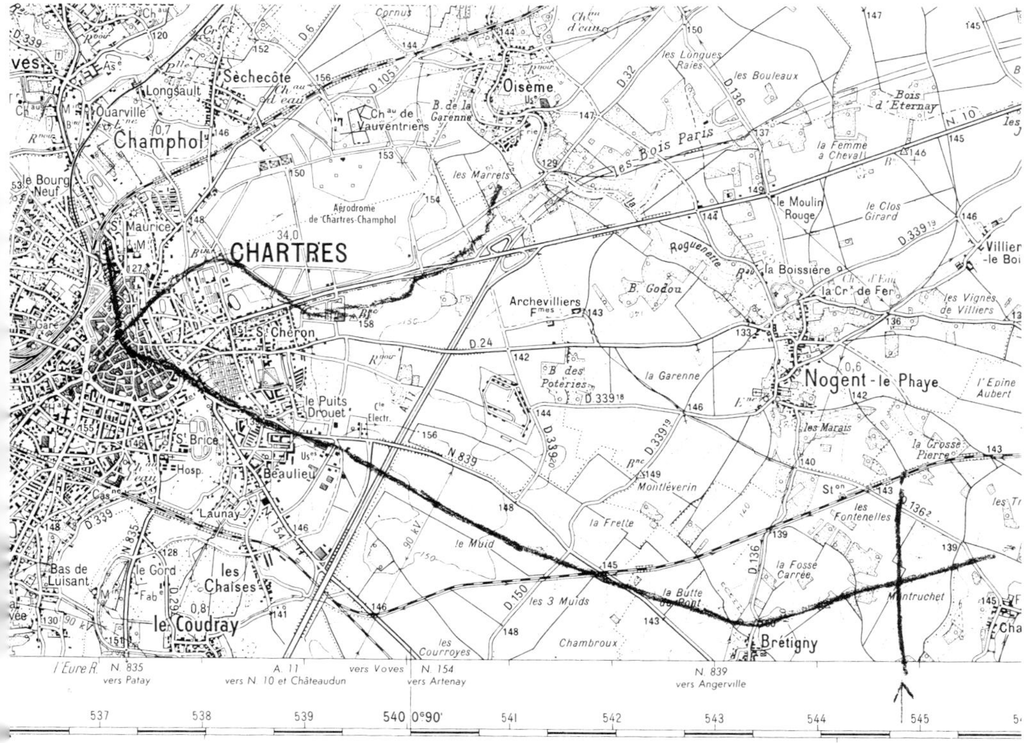

Kreuzung der unterirdischen Wasserströme bei Bretigny: einer davon führt unter die Kathedrale von Chartres.

Die örtliche Untersuchung liefert ein interessantes Ergebnis: Hier kreuzen sich zwei grosse unterirdische Wasserläufe in verschiedener Tiefe, einer davon zieht auch unter der Kathedrale von Chartres durch. Wieder einmal sind es die «Wuivres», die uns verfolgen – die unterirdischen Schlangen des Wassers. Das Feldlager befand sich also über einer Kreuzung zweier grosser unterirdischer Grundwasserflüsse in verschiedenen Tiefen, an einer schwer blitzgefährdeten Stelle. Aus der Erfahrung weiss man, dass Blitzschläge über solchen unterirdischen Wasserkreuzungen besonders häufig sind. Es scheint sogar, dass ihre Wahrscheinlichkeit zunimmt, je grösser der Tiefen-Unterschied der beiden Wasserführungen ist. An solchen Stellen ergibt sich auf Strassen auch eine erhöhte Anzahl von rätselhaften Verkehrsunfällen. Die Ursachen sind – wie es in den Berichten steht – unerklärbar, doch gibt es bereits zu diesem Thema mehr als 2000 registrierte Fälle.

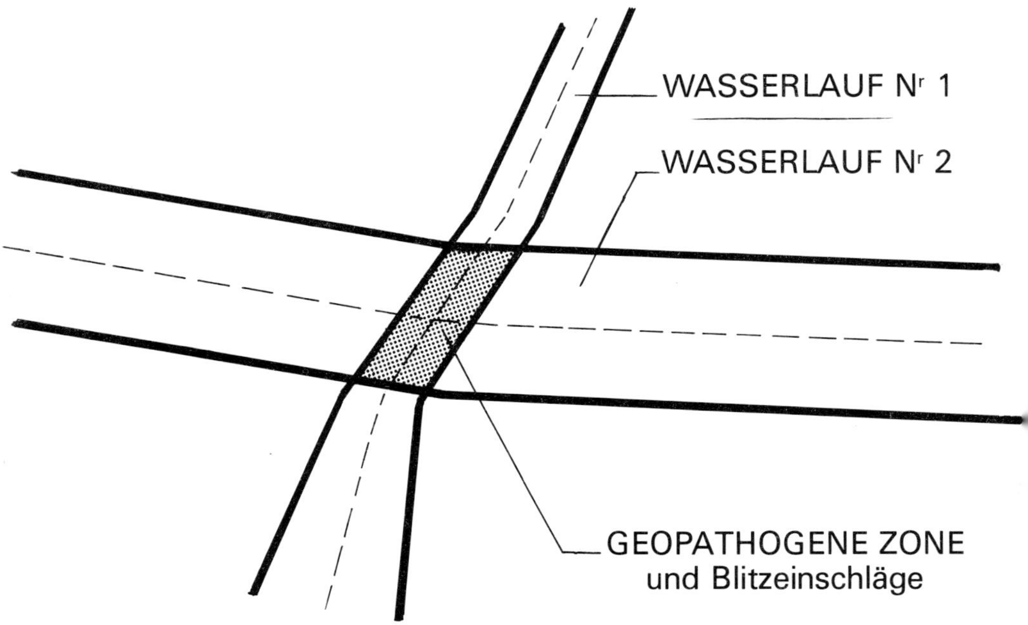

Folgen wir der Legende: Sollte der König ein eingeweihter Herrscher gewesen sein? Gelang es ihm in seiner Verzweiflung in der Stärke seines Glaubens mit erhobenen Händen eine Situation zu schaffen, die sogar ein Gewitter zum Abzug bringen konnte? Berührt uns da nicht die Frage, ob nicht Jesus die gleichen Gesetze und Kräfte nützte, um den Sturm des Meeres zu beruhigen?

Oder regt sich da ein ungläubiger Thomas: War der Abzug des Gewitters nicht vielleicht doch nur ein natürlicher Vorgang, der erst später seine legendenhafte Deutung bekam? Eine gewisse gesunde Skepsis kann in einer Gesellschaft, in der es nur allzuviele Fanatiker gibt, durchaus gute Dienste leisten. Andererseits gibt es auf diesem magischen Gebiet doch vielerlei schlaue Künste, die nicht immer nur zum Wohle der Menschen angewendet werden. Es gibt darunter auch solche, von denen wir nichts wissen wollen und die wir, auf höherem Niveau, nicht anwenden und entschieden ablehnen. Doch wäre es angebracht, dass auch jener Mensch, der sich von allem distanziert, diese menschliche Fähigkeit nicht bestreitet.

Wie viele Phänomene unter unserm Sternenhimmel sind ungeklärt geblieben. Nennen wir ein Beispiel aus dem Bereich des Aussergewöhnlichen: Viele unserer Grossväter beobachteten im Juni des Jahres 1914 in unseren Breiten ein Nordlicht. Für sie war es ein sicheres Vorzeichen eines kommenden Krieges. Rundfunk gab es damals noch nicht und auch aus den Zeitungen konnten sie nicht wissen, welches Unheil sich in der grossen Welt vorbereitete. Waren dies kosmische Zeichen einer Anhäufung menschlicher Gedanken, die für sie lesbar waren, wie in einem Buch des Schicksals?

In der Überlieferung der nordamerikanischen Indianer bedeutet der Orkan eine Verschwörung der drei anderen Elemente gegen die Erde:

der Luft □ des Feuers □ des Wassers.

Zahlreiche Legenden erzählen von dem Aufruhr der Elemente – dem Wüten kosmischer Energien. Was aber wissen wir wirklich darüber? Könnten nicht die moderne Meteorologie und die alte Mythologie gute Partner gewesen sein?

Gestern noch im Dienste des Königs – morgen vielleicht ersetzen die Diener der Wissenschaft das Wort Mythologie durch neue Begriffe mit gleichem Inhalt.

VI a Doppelgänger von Chartres
Paso Doble in Compostela

7. GLEICHARTIG, ABER DENNOCH VERSCHIEDEN

Wie staunten wir doch in der Kathedrale von Chartres über die unterirdische Struktur, die fächerförmige Anordnung der vierzehn regelmässigen Wasserläufe unter dem Chor!

Es erschien unwahrscheinlich, dass die Natur von sich aus eine solche Regelmässigkeit treffen konnte; lange Zeit glaubten wir, dass diese Gruppierung die einzige ihrer Art sein müsste. Wäre es vorstellbar, dass nur ein günstiger Zufall den Erbauern eine solche Regelmässigkeit der unterirdischen Wasserläufe in die Hand gespielt hätte – zur Unterstützung ihres hohen Wissens?

Um der Wahrheit näher zu kommen, war der Vergleich mit dem gleichartigen Bauschema von Compostela nötig. Das Ergebnis war überraschend: Wie gesagt, unter dem Chor der Kathedrale von Chartres vereinigen sich die vierzehn Wasserläufe – und siehe da: In gleicher Weise, in derselben regelmässigen Anordnung sind sie auch unter dem Chor der Kathedrale von Santiago de Compostela zu finden! Im Pflaster des Chorumganges ist ihre Lage angedeutet; sie ist durch vierzehn breite Streifen aus schwarzem Marmor im Boden markiert. Um das Jahr 1960 wurden unter dem Boden der Kathedrale von Compostela aus Sicherheitsgründen umfangreiche Erdarbeiten durchgeführt, und was fand man dabei: Diese alten Kanäle waren von *Menschenhand* errichtet worden!

Auch in Chartres ist es also weder eine Laune der Natur noch ein aussergewöhnlicher Zufall oder die Hand der «Götter», sondern in Wahrheit das allumfassende Wissen der Meister des Baues.

KATHEDRALE VON CHARTRES

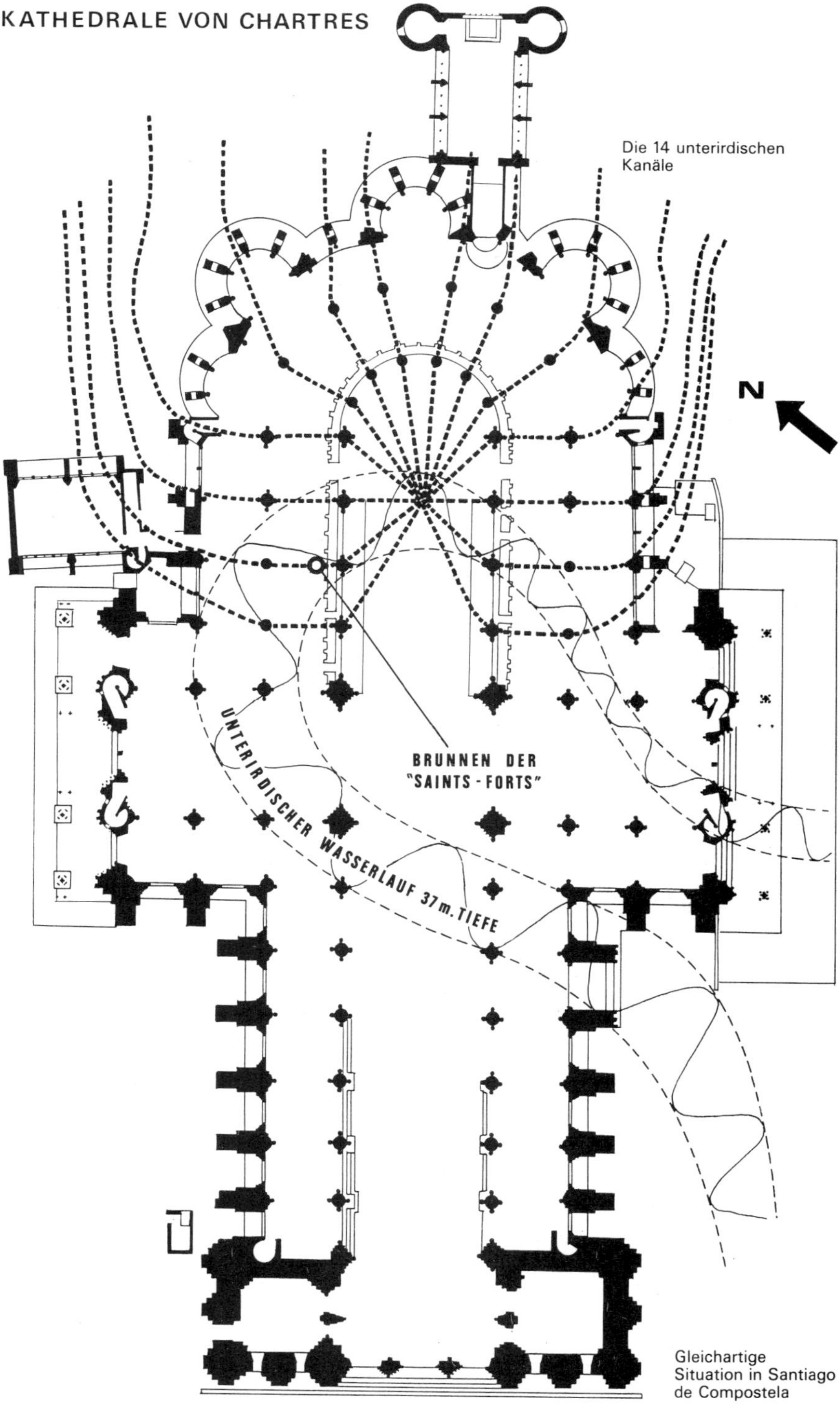

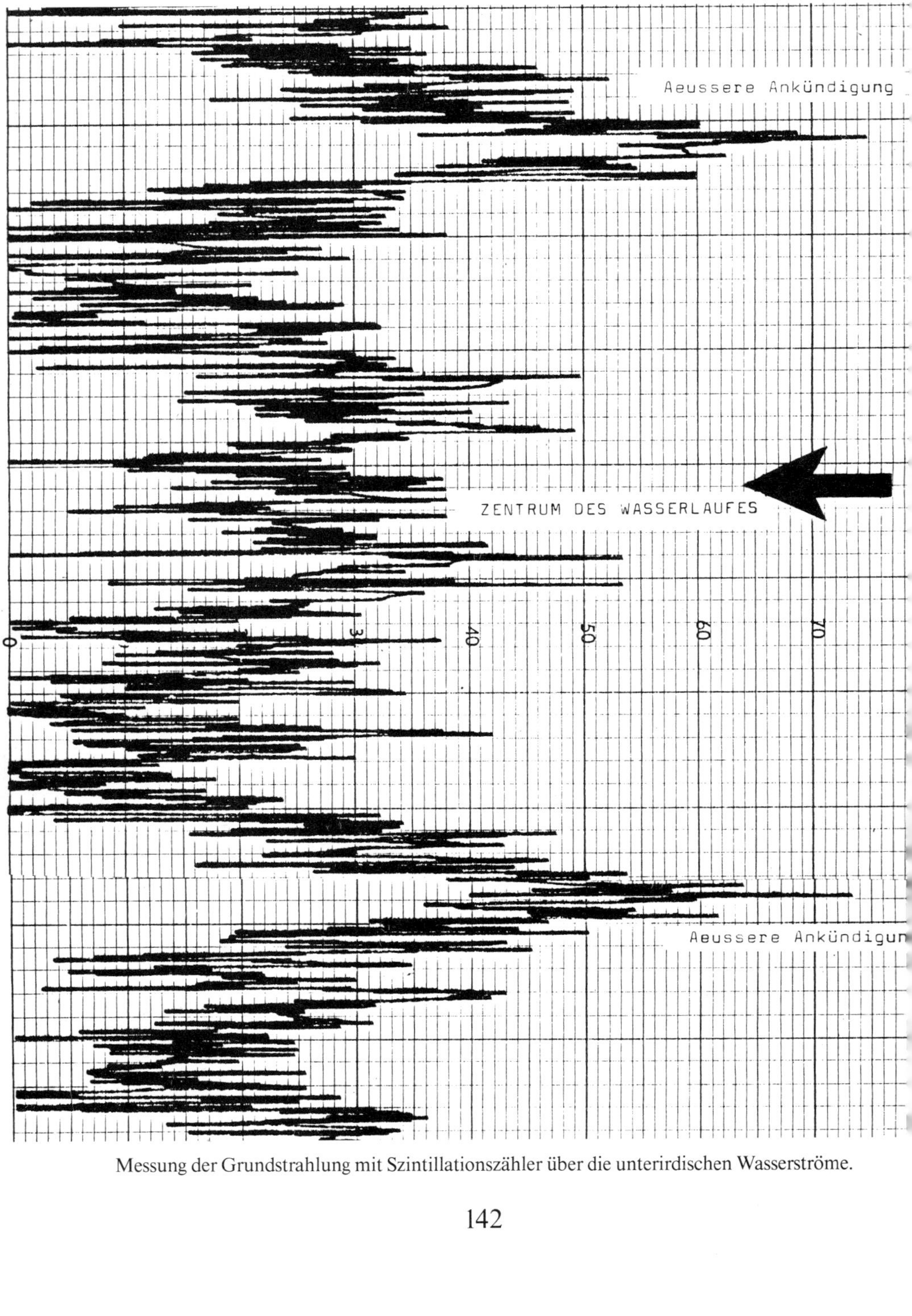

Messung der Grundstrahlung mit Szintillationszähler über die unterirdischen Wasserströme.

8. COMPOSTELA VERLIERT EINEN STERN

Ein Teil seiner Kraft ist verloren gegangen, denn heute fliesst in diesen Kanälen von Compostela kein Wasser mehr!

Renovierungsarbeiten in der Altstadt haben die Wasserzufuhr unterbrochen, diese unerlässliche esoterische Bedingung für die Erhaltung einer Schwingung, die unsere Empfindungsfähigkeit unterstützt. Zur Verstärkung der Fundamente des Bauwerkes wurden schwere Stahlbeton-Träger eingebaut, auch die Unterlage des Fliesenbodens wurde mit Beton verstärkt. Bei diesen zwischen 1948 und 1968 durchgeführten Arbeiten wurden jedoch die unterirdischen Wasserführungen zerstört, welche die Erbauer nicht ohne Grund vorgesehen hatten.

Erzählt man sich nicht, dass seither in Santiago de Compostela keine Wunder mehr geschehen? Die wunderbare Kraft von Compostela ist ausgelöscht und für immer verloren!

Muss man denn stets warnen und wiederholen, wie wichtig es ist, bei notwendigen Erneuerungen nichts wegzunehmen oder hinzufügen, dort wo die alten Meister hohes Wissen berücksichtigt und angewendet haben!

9. DIE DUNKLEN MADONNEN

In der Unterkirche der Kathedrale von Chartres werden die vierzehn Wasserläufe sinnbildlich durch sieben Tauben mit je zwei Schnäbeln (2 × 7 = 14) rund um den Kopf der erdfarbenen Madonna dargestellt. Diese heilige Jungfrau von dunkler Farbe ist auch unter dem Namen «Notre-Dame-de-Dessous-Terre» (Madonna unter der Erde) oder auch unter der Bezeichnung «Jungfrau der Druiden» bekannt. Der für die Statue verwendete Stein wirkt durch seine Polarität; wenn er genau an den richtigen Platz gestellt ist, wird er zu «Isis» – dem schwarzen Stein. Is bedeutet das Heilige, die heilige Sache, den heiligen Ort. Schwarz ist nicht unbedingt seine Farbe, es ist die Definition des Einflusses, der an diesem Ort zum Ausdruck kommt. All dies ist der Ursprung der Schwarzen Jungfrau von Chartres und des schwarzen Steines von Arafat in Mekka.

So findet man eine Schwarze Jungfrau an allen sakralen Plätzen, immer im Zusammenhang mit dem Einfluss des Ortes und des unterirdischen Wassers.

Das Verdienst der Erbauer der Kathedralen besteht darin, dass sie es verstanden, alle diese Elemente vereint für die Schaffung kosmo-terrestrischer Kraftorte einzusetzen.

Sie verdienen als die ersten meisterlichen Geobiologen des gotischen Zeitalters anerkannt zu werden.

VII. SANTIAGO DE COMPOSTELA

1. EIN HAUCH VON SELIGKEIT

Die Tendenz unserer Zeit lässt wieder den Wunsch aufleben, den grossen Persönlichkeiten der Geschichte zu folgen und heute wieder zu versuchen, für sich selbst an einem Kraftort einen glanzvollen Höhepunkt des Erfühlens zu erleben.

Die Wasser unter dem Heiligtum von Compostela allerdings fliessen heute nicht mehr; die neue unverrückbare Beton-Konstruktion bedeutet eine endgültige Sperre, leider nicht nur zum Schaden unserer Generation, sondern auch für unsere Nachkommen.

Genügt aber ein solcher Vorwand für die Behauptung, dass es in Santiago de Compostela keine Wunder mehr gibt?

Sicherlich nicht: Über den betrübten Häuptern der Besucher der Kathedrale schwebt noch immer eine ausserordentliche Licht-Vibration, die wie im Flug erkennbar wird, wenn einem das Glück hold ist – gleich einem Blitz, den man im Bruchteil einer Sekunde wahrnimmt. Wie leicht hätte man sie aber auch völlig übersehen können.

Über der Krypta, in welcher der Schrein des Heiligen ruht, erhebt sich die übergrosse silberne Statue des heiligen Jakobus. Sie ist erhöht aufgestellt, sie wirkt entweder erdrückend oder wird verdeckt, wenn man sich ihr zu stark nähert. Der Pilger als eilig vorbeischreitender Besucher wird nur einen flüchtigen und generellen Eindruck mitnehmen.

Es bestehen aber noch immer Augenblicke der Gnade, in welchen das Denken des überraschten Forschers so stark erhellt wird, dass er dies beinahe in materieller Form als sprühende Funken rund um seinen Kopf verspürt.

Wir schrecklichen Rationalisten messen mit dem Biometer eine bisher noch nie an einem Kraftort gefundene Vibration. Da kann der Pilger auf einer engen Treppe im Rücken der Statue des Heiligen bis zur Höhe seiner Schultern steigen. Dort, genau senkrecht über der Krypta, in welcher der Körper des Apostels ruht, trifft uns eine einzigartige erschütternde Schwingung – 21 000 Einheiten! Das ist die Schwelle zum Unbekannten.

Wie kommt es, dass über diesem Grab ein Licht des Lebens schwebt, das das Bewusstsein erhellt, den Menschen entzückt und ihn in höhere Sphären erhebt? Es ist, als ob es in unseren Köpfen plötzlich leicht und hell würde, sich dem schwerfälligen Physischen entrückte, um schliesslich von einer Vielzahl diamantener Fünkchen umschwebt zu sein, die in vielen Farben schimmern.

Man möchte den Sinn dieser wunderbaren Erhebung verstehen und vertiefen. Ist das reinste Energie, ein Augenblick des Fluges in ein Überbewusstsein, das Verstecken spielt – oder ist es der Kontakt der Seelen, des Ich des Heiligen mit dem vorübergehenden kleinen Ich – und wäre diese Kraft durch all die Zeitalter erhalten geblieben?

Ohne Zweifel ein einzigartiger und märchenhafter Augenblick im Leben des Menschen, in einer Fülle ohnegleichen. Eine Gnade, sicherlich, aber auch eine Form unerwarteten Wunders! Es wäre zu wünschen, dass jedes menschliche Wesen einmal in seinem Leben solch eine glänzende Erhebung erleben könnte; wohl ist es das, was der Pilger erhofft.

Bei der Beobachtung der einzelnen Menschen in einer Pilgergruppe, die ihre Individualität verloren zu haben scheinen, bedauert man dennoch, sie verschlossen in der Verhärtung ihrer eigenen Wirklichkeit sehen zu müssen. Hoffen wir, dass ihre physische Gegenwart – auch wenn sie sich darüber nicht Rechenschaft geben – trotz allem einige Funken der Heiligkeit auffängt. Fallen doch auch häufig so manche Brosamen unbemerkt vom Tisch!

2. DER ENTWÜRDIGTE TAUFSTEIN

Im Zentrum des Chorumganges, hinter der riesigen Statue des Heiligen Jakobus, befindet man sich etwas eingezwängt zwischen den üppigen Dekorationen des Rokoko. Da wo vier Wasserführungen zum Chor durchgehen, ist einer der schönsten ursprünglichen Taufsteine hingestellt. Das ist ein auserwählter Platz, der mit einer Kreuzung des Raumgitters H und einer solchen des Diagonalnetzes zusammenfällt. Die terrestrischen Kräfte dieser Stelle waren so auf das höchste konzentriert für eine an das Göttliche gerichtete Handlung – die Taufe.

An anderen ähnlichen Plätzen messen wir die Vibrationen bei diesen ehrwürdigen Becken mit 8000 Einheiten, die auf das Physische einwirken und auch mit 13 500 Einheiten, die erlauben, die ätherische Hülle des Täuflings zu segnen.

Aber hier in Compostela zeigt das Biometer den niedrigsten Wert; in der Gegenwart besteht das Zusammenspiel der Kräfte nicht mehr. Auf das Becken wurde ein schwerer, eiserner Deckel mit einem stattlichen Vorhängeschloss gesetzt, ein breiter Schlitz in diesem Verschluss lädt den Vorübergehenden ein, in seiner Brieftasche zu blättern. Einverstanden – allen Religionen ist mindestens eines gemeinsam – die Kollekte; jedoch muss man um diesen Preis ein Kunstwerk entweihen, das zum Geben bestimmt ist – zum Spenden des geweihten Wassers – und nicht zu einer in den Weg gestellten Bettelschale?

Was gewinnt der Mensch, wenn solche sensiblen Punkte eines Sakralbaues entweiht werden? Diese Stellen entsprechen beim Menschen den Chakras, die nicht erstickt werden dürfen.

3. DAS KENNZEICHEN DES PILGERS

Die Muschel ist das Kennzeichen, das man an jeder Strassenecke von Compostela antreffen kann. Dieses Symbol ist hochgeachtet und geehrt, wie es viele Beispiele beweisen.

Um eines davon hervorzuheben erwähnen wir die Wasserleitung an der Aussenfassade eines alten Hauses: Die Leitung umgeht die oberhalb der Türe in die Mauer gehauene Muschel.

Man zieht also eine regelwidrige Installation der Beeinträchtigung des Wandschmuckes vor, damit die Muschel ungestört an ihrem ursprünglichen Platz erhalten bleiben kann.

Warum ist seit jeher die Muschel das Symbol der Pilger von Santiago de Compostela? Die Erklärung ist einfach: Die Pilger ernährten sich von diesen geschätzten Weichtieren der Region. Es ist die berühmte Jakobsmuschel, eine Tischfreude der Feinschmecker. Die leere Muschel hängten sie als Erinnerung an ihr Pilgergewand.

Wäre nicht jene Bedeutung, welche die Azteken der Muschel gaben, etwas poetischer: Sie bedeutete die Urform, die Geburt, den Mond, der das Aufwachen der Vegetation und allen Lebens lenkt. Da findet sich wieder der Austausch der Lebenskräfte zwischen Mond und Erde in der kosmo-terrestrischen Beziehung.

4. ALLEN WINDEN AUSGESETZT

Das Äussere der imposanten Kathedrale von Santiago de Compostela wirkt schwer und erheischt Respekt; auf den Fassaden überdeckt grünes Moos die Feuchtigkeit eines überladenen Barocks; in seinen Nischen erinnern in Stein gehauene Fratzen an Terror. Auf der Wölbung des grossen zentralen Bogens am Portal des Ruhms mit den 24 fröhlichen Alten der Apokalypse, trägt jeder von ihnen ein Musikinstrument. Sie versinnbildlichen die Vorfahren, die die Harmonie des menschlichen Bewusstseins erreicht haben.

Im Zentrum steht der majestätische Christus, der die Ströme der Erde unter seinen Füssen beherrscht. Wir treffen hier die gleichen Allegorien an wie in Chartres.

An dem alten Pilgerweg, der nach Santiago de Compostela führt, wurden die Kirchen sehr oft auf keltischen Fundamenten erbaut. Der ursprüngliche Gottesdienst fand an einem dazu bestimmten Ort im Walde statt. Der Baum, dessen Wurzeln im Boden gründen und dessen Krone sich zum Himmel erhebt, war der symbolische Vermittler zwischen den Menschen und der Gottheit.

Die Kathedrale von Santiago de Compostela bleibt solch ein moosfeuchter Baum, dessen vier Spitzen heute schmerzlicherweise Antennen für den Sender sein müssen, der sich in sieben Kilometer Entfernung vor der Stadt befindet. Wir scherzen über den kürzlich errichteten starken Fernsehsender mit seinem riesigen Antennenturm – denn auf demselben Grundstück, nur einige Meter entfernt, steht in den Krallen der modernen Technik gefangen eine grosse aus früheren Zeiten stammende Stele in der Gestalt eines Menhir. Ihre feinstoffliche Sendeseite ist gegen die Hauptfassade der Kathedrale gerichtet, nach Südosten. (Südost! diese vorzugsweise angewandte Einfallsrichtung der kosmischen Strahlung, wie schon einige Male erwähnt).

Musste das moderne Genie sich just neben den Ort stellen, der in jenen früheren Zeiten schon für Aussendungen günstig war. Es scheint, dass dieser Hügel alle Voraussetzungen für Fernwirkungen verschiedenster Art aufweist.

Diese Stele besteht aus dem gleichen Granit wie das Sanktuarium in Compostela. Unter dem Sendestein kreuzen sich vier unterirdische Wasserläufe, dazu kommen vier Reizstreifen H, die mit den terrestrischen Diagonalstreifen eine Anhäufung von Kreuzungen bilden. Das Biometer zeigt an der Südost-Seite unter einem eingehauenen Kreuz die erstaunlich hohe Vibration von 18 000 Einheiten.

War es wohl die Aufgabe der Stele, die schon vorhandenen Vibrationen des Ortes zu verstärken und das von jedem Pilger erhoffte Wunder in Santiago de Compostela zu unterstützen?

Heute herrscht hier der mächtige Fernsehsender, der durch die kleinen flimmernden Bildschirme eine kollektive Mentalität einzuprägen weiss.

VIII. WALLFAHRTSORTE

1. EINE ANDERE ART VON WALLFAHRT

Alle Pilgerorte stützen sich auf das Element *Wasser,* das als Blut der Erde einen Einfluss auf ihre Oberfläche ausübt. Es kann die Schwingung des Ortes verändern und nach einem deutschen Forscher auch das elektrische und magnetische Potential unserer Blutzellen verändern. Diese treten mit der Schwingung des Ortes in Resonanz. Von da aus ist ein kleiner Schritt, um in den psychosomatischen Bereich einzudringen. Charakteristisch ist eine bedeutende Beschleunigung der Aktivität der Thymusdrüse, die ihrerseits einen Einfluss auf den Seinszustand und die Seelenstimmung des Individuums ausübt.

Wo die religiösen Bauten auf keltischen Kultstätten errichtet wurden, scheint es gelungen zu sein, die ursprüngliche, beinahe euphorische Stimmung wieder zu schaffen – ohne Zweifel die gleiche, die die keltischen Priester, die Druiden, erreichen wollten.

Ein Mann, der sich zu einer Pilgerfahrt entschlossen hat, ist oft derjenige, der sich in seiner gewohnten Alltags-Umgebung plötzlich fremd und ohne Ziel fühlt. Seine Träume sind etwas sentimental, vielleicht wünscht er unbewusst, sich an einen bestimmten Ort zu begeben, um sich mit Demjenigen, der den Ort geheiligt hat, zu identifizieren – gewissermassen dem nach seiner Überzeugung gewählten Meister ähnlich zu werden. Er braucht diese Stimulans; wieviele versteckte Leiden gibt es da, wo ein halber Erfolg – wie ein halbes Elend – viel schwerer zu ertragen ist.

Sollte er am Pilgerort selbst den erhofften feinstofflichen Austausch nicht erreichen können, wird er doch mindestens für kurze Zeit von einer besonderen Vibration getragen werden, die ihm eine kleine Entschädigung bedeutet und das Gefühl gibt, etwas von der Manifestation der überpersonellen Kraft in sich aufgenommen zu haben.

Er wird unbestreitbar die Einladung zu einer Heilung, zu einer Therapie gefühlt haben, zum Versuch in einem mächtigen Regenerator Lebensstrom zu schöpfen.

Wird er aber hierauf diese auch unbewusst empfangenen Energien anpassen und umwandeln können? Wird er fähig sein, den richtigen Schalter zu wählen, was ein dynamisches Zurück zum Licht erlaubt. Andererseits vergessen wir nicht die Gefahr, sich mit einem spirituellen Meister identifizieren zu wollen – ohne vom Missbrauch zu sprechen. Der Mensch darf nicht vergessen, dass er ein erdgebundenes Wesen bleibt: Selbst wenn er sein Bewusstsein schrittweise über die verschiedenen Stufen entwickelt, wird er ein Urteil über sich selbst immer nur auf der Ebene seines menschlichen Unterscheidungsvermögens abgeben können.

Die Wallfahrt – sei sie nur ein einziger Tag Flucht aus dem grauen Alltag oder jene Freude, die die Person in einen transzendentalen Zustand versetzt – das Erlebte, wird in ihm eine neue Hoffnung erwecken.

Zitieren wir Aristoteles, der versuchte, einen schnellen heftigen Gemütsschock herbeizuführen, um den Gemütskranken zu entladen und ihn von einem pathogenen Affekt zu befreien, den er bis dahin tief verdrängt hatte. Ein Weg, der ebenso nützlich sein kann, wie ein ausgewähltes pharmazeutisches Heilmittel.

Lourdes

Ein berühmter europäischer Ort der Wallfahrt im wahrsten Sinne des Wortes. Eine verwirrende Frage ist, warum Wunderheilungen für nur so wenige Auserwählte? Wer es kaum bewältigt, seine Krankheit ungebessert ertragen zu müssen, wird sich enttäuscht fragen, warum andere durch die Wallfahrt geheilt sind – und er nicht?

Man muss eine dieser grossen nächtlichen Prozessionen selbst erlebt haben, erschüttert sein von diesem tragischen Schauspiel von tausenden Kranken in ihren Rollstühlen mit ebenso vielen brennenden Kerzen in der Hand, die in der schwarzen Nacht mit eindrucksvoller Intensität die Stärke des Glaubens bezeugen. Es scheint, dass es nur noch ein Weniges brauchte, um mit diesen inbrünstigen, unzählige Male wiederholten *Ave* den Himmel zu erreichen – ohne erhört zu werden...

Wessen Leiden psychosomatisch bedingt ist, der wird von diesen feierlichen Prozessionen wahrscheinlich Hilfe erwarten können. Doch für die grosse Menge der bedauernswerten Kranken sind die Wasser von Lourdes wohl zu schwer (lourdes bedeutet schwer) und die breite Decke der neuen Kathedrale aus armiertem Beton wird ein zu schwerfälliger Schutz gewesen sein.

Der Mensch, der sich während einer kurzen Reise voller Hoffnung besser fühlte, aber dann ungebessert und enttäuscht nach Hause in seinen Krankenstuhl der Einsamkeit zurückkehren muss, wird sich in den Stunden der Melancholie doch wieder auf demselben Platz wie vorher aufhalten! Wie Viele gibt es doch, die es nicht wissen oder nicht wissen wollen, dass jener Platz, an dem sie sich dauernd aufhalten – insbesondere ihr Schlafplatz – eine entscheidende Rolle spielen kann... und gerade sie leben vielleicht dauernd auf einer geopathogenen Zone. Ihr Zustand bleibt trotz Behandlung unverändert, ja er kann sich sogar verschlimmern.

In der Manege des Lebens entkommt niemand einer vorübergehenden Depression. Da sollte er sich an einen Ort erinnern, der ihm einmal das Gefühl des inneren Friedens geschenkt hat. Eine schöne Erinnerung kann allein schon eine Welle von Lebensenergie wecken, die ihm erlaubt, mit seinem Dasein wieder Frieden zu schliessen.

2. WUNDER «À LA CARTE»

Das lebendige Wasser eines stark strahlenden Ortes belebt nicht zu jeder beliebigen Tages- oder Nachtstunde in der gleichen Weise. Die Kenntnisse der Chronobiologie bilden einen entscheidenden Faktor – aber wie wenigen ist dies bekannt!

Insbesondere homöopathische Medikamente können in einer bestimmten Dosis zu einer bestimmten Stunde heilend wirken, jedoch zu einem andern Zeitpunkt ohne Wirkung bleiben oder sogar eine negative Reaktion fördern. Um ein gutes Resultat für ein heilendes Bad zu erzielen, ist ebenso die Wahl des Zeitpunktes für den Kontakt mit dem Wasser eines heiligen Ortes wesentlich und notwendig. Aber wie bei einer Lotterie stürzt sich der Unwissende auf seine Pilgerreise – heiss hoffend, dass er das grosse Los ziehen werde. Einer nach unvollständigen oder nur nach materiellen Kriterien standardisierten Wallfahrt zu folgen bedeutet, blind zu handeln. Der Kontakt mit dieser andern Resonanz, die alles in Ordnung bringen könnte – auf der physischen wie auch auf der psychischen Ebene – darf nicht wie ein Glücksspiel dem Zufall überlassen werden.

Auf diesem Weg käme doch jedem zu, Heilung und Licht aufnehmen zu dürfen.

Der Mensch muss wieder neu die Rhythmen des Lebens, der Jahreszeiten, der schöpferischen Stunden kennenlernen. Für alles, was er aufbauen oder festigen will, sollte er die Zeit des zunehmenden, für die Reinigung diejenige des abnehmenden Mondes benützen. Es geht darum, nicht mit naivem Ungeschick gegen die Gesetze der Natur zu verstossen.

Übersinnliche Erscheinungen

Die Augen gegen den Himmel in ein poetisches Universum gerichtet, die Füsse aber noch immer fest auf dem Boden müssen wir zugeben, dass sich – entgegen allen bekannten Naturgesetzen – über einem Terrain kondensierter Strahlungen zeitweise unbestimmbare Strukturen bilden können, die für sensible Personen wahrnehmbar und sehr beeindruckend sind. An solchen Orten finden wir immer die Verbindung mit den Mäandern unterirdischer Wasserläufe, die das vegetative menschliche Nervensystem beeinflussen.

Die fromme Seele sieht in einer solchen nebelhaften Bildung oftmals eine jenseitige Erscheinung, die sie als Wunder deutet.

Diese Orte, an denen sich oft alte Kultstätten der Kelten befanden, bergen meistens im Boden einen Ring aus ferromagnetischem Material. Sie können daher relativ leicht genau geortet werden.

Es ist erwiesen, dass die Temperatur des Erdbodens umso tiefer fällt, je höher die magnetische Feldstärke an einem Ort ist. Bei der näheren Untersuchung dieser Plätze zeigt sich auch in einer bestimmten Höhe über dem Erdboden ein Unterschied in der Ionisation, während knapp über dem Erdboden kein kennzeichnender Unterschied gegenüber der Umgebung besteht.

Das Phänomen der Erscheinung könnte auch mit dem täuschenden Schauspiel der Fata Morgana verglichen werden, wenn über dem Mittelmeer von Kalabrien eine helldunkle dampfgesättigte Atmosphäre Spiegelungen von Menschen und Pferdefiguren auftauchen lässt. Diese Wahrnehmung einer beeindruckenden Vision fliesst wie Honig in unser vernebeltes Denken.

Dies bezieht sich auf grossflächige Erscheinungen; der Visionär sieht und glaubt von seinem kleinen persönlichen Standpunkt aus. Das Unerklärbare bewahrt immer seinen mystischen Duft, aber in manchen Fällen wird auch der skeptische Beobachter davon betroffen sein.

3. WO DIE STERBLICHE HÜLLE UNVERSEHRT BLEIBT

Eine andere Art kosmo-terrestrischer Kraftorte sind die Grabstätten religiöser Persönlichkeiten, deren physischer Körper nach ihrem Tode nicht zerfällt – auch nicht nach Jahrzehnten oder Jahrhunderten – ohne dass eine Mumifizierung stattfand. Diese Menschen hatten noch zu ihren Lebzeiten den Ort ihres Grabes selbst ausgewählt. Ungefähr 60 solcher Fälle sind auf der Welt bekannt.

Wir erwähnen einen Fall, den wir genauer untersuchen konnten, er bestätigt die bis jetzt gesammelten Beobachtungen.

Es ist der Fall von Charbel MAKHLOUF, eines maronitischen Mönches, dessen Körper seit seinem Tode im Jahre 1898 intakt geblieben ist. Er befindet sich in Annaya im Libanon. Die Wächter wechseln alle zwei Monate seine Kleidung, die immer wieder Schweissflecke aufweist.

Der Fall dieses Mönches ist nach drei Gesichtspunkten interessant:

1) Er ist einer von denen, die den genauen Ort ihrer Grabstätte selbst bestimmt haben.
2) Die ganze Zone im Innern des Klosters ist bis zu 10 Meter im Umkreis des Grabes in Bezug auf das Netzgitter H neutral. Ausserhalb der Klostermauern findet man eine Zone dichtgedrängter Reizstreifen H wie einen unsichtbaren Schutz. Auch da wieder die gleichen Feststellungen wie in Ägypten; bald dürfte man soweit sein, in dieser Beziehung eine Regel aufstellen zu können!
3) Einige Monate nach seiner Bestattung erschienen über seinem Grab Lichter, die Sonnenkugeln glichen. Sie blieben während 45 Nächten in der Umgebung sichtbar. Es gibt zahlreiche glaubwürdige Zeugen dieser Erscheinungen und es bestehen hierüber schriftliche Bestätigungen des Präfekten der Provinz, Scheikh Mahmoud Hémadé und hoher Würdenträger des Klosters sowie zahlreicher Priester.
Von andern Orten gibt es Photographien, welche eine gleichartige Erscheinung von leuchtenden, roten Kugeln zeigen. Man könnte sich fragen, ob man sie nicht mit den Lichtkugeln im Libanon vergleichen dürfte. Wenn diese Vorfälle Wirklichkeit sind, wäre es Unrecht, Vermutungen aufkommen zu lassen, dass diese Aufnahmen nur geschickte Fälschungen sein könnten.

Im allgemeinen bleiben diese Körper unverändert erhalten, so lange sie an den ausgewählten Stätten hoher Vibration bleiben. Werden sie jedoch respektlos an einen andern Platz verlegt, so zerfallen sie in kurzer Zeit in Staub.

Das Bild, das uns das alte Ägypten über die Behandlung der Toten gibt, stammt aus einem geoffenbarten Wissen über die Praxis der Einbalsamierung. Hier, bei diesen unversehrt gebliebenen sterblichen Hüllen wurde nichts anderes als der Ort gewählt. Die Beziehung Erde-Körper behält ihre Geheimnisse.

Gewisse Hypothesen wollen in diesen Fällen die Erhaltung des physischen Körpers nach dem Tode einem musikalischen Akkord zuschreiben, den der Verstorbene noch zu seinen Lebzeiten komponiert habe – um auf weiterem vibratorischen Weg die materialisierte Form seines Körpers während eines bestimmten Zeitabschnittes weiter zu erhalten. Kurz, dies könnte eine von ihm in die Zukunft gerichtete Projektion gewesen sein, um Beobachter seiner eigenen Mutation bleiben zu dürfen.

Ein ganzes Programm!

Zu ihren Lebzeiten brachten jene Persönlichkeiten, die Zugang zu dieser vibratorischen Umwelt hatten, ihren Namen oft in Zusammenhang mit dem magischen Einklang der Zahlen und der Buchstaben, die den Namen bildeten. Wir finden diesen Einfluss nur in den alten und den sakralen Sprachen, weil unsere zeitgenössischen Idiome bar dieser schöpferischen Kraft sind. Die heutige «Numerologie» wird oft mit zuviel freier Phantasie angewendet, kann aber noch als vergnügliches Spiel dienen.

Wohl sind einige Fälle bekannt, da Menschen sich erst voll entfalten konnten, nachdem sie ihren Vornamen geändert hatten, der ihnen instinktiv missfallen hatte. Wir befinden uns hier auf einer andern Ebene, die zur vibratorischen Tonalität gehört.

Es bleibt ein Rätsel, wieso eine sterbliche Hülle im Spiel der vibratorischen Systeme an einem ausgewählten Ort intakt bleiben kann. Die geologischen Strukturen scheinen keine Rolle zu spielen. Geschah dies, von seiten dieser Persönlichkeiten, in stolzer Erwartung auf ein verlängertes Dasein... aber unter solchen Bedingungen, wozu?

4. UNECHTE ORTE DER KRAFT

Leider fehlt es auch nicht an den nur *vermeintlichen* Orten der Kraft, den unechten, die durch eine unvoreingenommene geobiologische Untersuchung demaskiert werden.

Doch wehe demjenigen, der es wagen sollte, einen solchen Ort zu entmystifizieren, der in vielen Fällen verschiedenen Organisationen zu Wallfahrten dient und auch der ganzen Gegend Ansehen und Vermögen einbringt!

Man kann sich eines gewissen Unbehagens nicht erwehren, hereingefallen zu sein. Das Netzgitter H um einen solchen angeblichen Heiligen aus Wachs bleibt unbeeinflusst, die Biometer-Messung zeigt nichts Auffallendes. Erlaubt man sich, etwas in die Geschichte des Ortes einzudringen oder diesbezügliche Dokumente zu suchen, so fühlt man sich etwas verlegen, wenn man aus dem Munde eines «Verantwortlichen» des Ortes erfährt, dass tatsächlich ernste Zweifel bestehen: «Aber es ist ja immerhin nicht mit Sicherheit auszuschliessen, dass doch vielleicht ein Zipfel der Tunika oder ein paar Knochensplitter des berühmten Heiligen im Schrein zu finden wären»!

Ist es auch kein echter Kraftort, so gibt es doch zum Trost rund um ihn immer gute Restaurants, die das Leben des Besuchers zu verschönern wissen.

IX. AUF DEM GELÄNDE

1. ENTDECKEN WIR DOCH SELBST!

Auf der perforierten Haut unserer Erdrinde werden wir eine Anzahl Orte besuchen, die mit der berühmten terrestrischen Schlange zu tun haben. Es gibt noch viele solche zu entdecken, dem Forscher wird es eine Freude sein, sie zu finden. Tiefe Genugtuung bringt das Aufstöbern einer alten, in abgeschiedener Gegend verborgenen Kirche – sei sie klein oder gross – entfernt von der brummenden Technik und dem Lärm der aufgeregten Welt.

Wie gehen wir vor?

In jedem Fall wird man mindestens einen, meist aber zwei oder mehrere unterirdische Wasserläufe finden, die sich sehr oft unter dem Chor der Kirche kreuzen. Hat man hierin noch keine Erfahrung, so kann man auch nur den Zustand der Mauern beobachten, die in diesem Fall mit Moos bewachsen sind, oder den dumpfen Geruch der Feuchtigkeit wittern, die den Raum durchsetzt und in die Wände emporgestiegen ist. Ein weiteres sichtbares Zeichen für die Gegenwart unterirdischen Wassers kann an den Bäumen rund um die Kirche beobachtet werden: Sie sind bis weit hinauf ins Astwerk mit Flechten und Moos bedeckt, ihr Stamm ist verdreht oder schief gewachsen.

Die Krebsgeschwulst am Baum zeigt besonders über dem Rande eines unterirdischen Wasserlaufes gestörte Zellen an. Hier ist der Störeinfluss – wie schon früher erwähnt – wesentlich stärker als in der Mitte des Wasserlaufes. Es besteht hier ebenfalls eine grössere Leitfähigkeit des Bodens, die einen Verlust an Wärme bewirkt, den man mittels Infrarotmessung nachweisen kann.

Die terrestrische unterirdische «Schlange» ist die Schwester der indischen und tibetischen Nâga, sie ist auch die Wuivre von Chartres. Das Wort soll aus dem lateinischen «vipera» stammen oder vielleicht eher aus der indo-germanischen Wurzel «gwer», das auf Wärme hindeutet... schreiten wir weiter, kommen wir zur Schlange des Feuers und damit zur Kundalini der Hindu.

Unsere Vorfahren erforschten nicht nur die terrestrischen Kraftorte; sie folgten auch dem Lauf dieser unterirdischen wirkungsreichen Adern, die symbolisch durch die Schlange dargestellt werden. Diese Wege wurden als heilig erklärt – man erbaute auch nie ein Wohnhaus auf solchen Zonen. Wenn eine Mauer oder eine Hecke diese überqueren musste, wurde eine Öffnung für den ungehinderten Durchgang des Einflusses frei gelassen. Der Mensch wahrte immer grossen Respekt gegenüber diesen natürlichen Kräften, er suchte sie zu integrieren, um mit der Umwelt in Harmonie zu leben.

Wenn nun der Mensch vermied, auf den Zonen der terrestrischen Schlangen zu wohnen, so nutzte er sie doch für den Kirchenbau, für seine Orte der Meditation und des Kultes. Die Wirkung des unterirdischen Wassers zeigt sich in einer leichten Ermüdbarkeit des physischen Körpers, wodurch Innerlichkeit und Gebet gefördert werden sollte.

Um diese Orte besser festzustellen, können wir vermehrt die Intuition und das Erfühlen trainieren: Den Verbindungsfaden zur Erde dürfen wir nicht abschneiden. Gleich der Schnecke strecken wir vorsichtig, jedoch mit wachem Urteilsvermögen, unsere Antennen aus. So wie der Emigrant, der in seine Heimat zurückkehrt, von einer inneren Erregung ergriffen wird, die mit dem Ort zusammenhängt und seine persönliche Geschichte berührt – so stellt sich eine Resonanz zwischen uns und dem Ort ein, der uns zu einem stillen Dialog einlädt. Der Mensch von heute, der zu stark in einem Wirbel von Angst und Einsamkeit gefangen ist, wird erstaunt sein, wie willkommen er in der Welt dieser subtilen Schwingungen ist, die ihm vorher unbekannt war. Er wird einen Lebensstrom der Liebe – wenn auch unbewusst –

spüren, der in ihm eine Beruhigung und ein wacheres Bewusstsein hervorruft.

Diese alten Kirchen sind gleich begnadeten Gebäuden, deren jahrhundertealten, patinierten Mauern mit früheren Meisterbildern zu rivalisieren scheinen. Anfangs wird es nicht sehr schwierig sein, zwischen unserer Zuneigung zum ausgewählten Objekt und der Abneigung gegenüber einer aggressiven oder schwächenden Umgebung zu unterscheiden.

Hier ist ein persönlicher Test anzuraten: Entweder fühlt man sich wohl und gestärkt oder man ist bedrückt und verliert an Vitalität. Der Einfluss eines Ortes ist nicht direkt greifbar, wird jedoch durch seine Einwirkung auf unsere Empfindungsfähigkeit erfühlbar.

Es ist erfreulich, dass heute allgemein eine dynamische Tendenz besteht, die Verbindung mit den kosmisch-terrestrischen Kräften zu entdecken. Vielleicht kommt diese Haltung aus einer Sehnsucht, in der harmonischen Verbindung von Yin und Yang zu leben, sich daran zu laben.

2. BESTIMMTE EIGENHEITEN SIND IMMER WIEDER ZU FINDEN

Wir treffen eine kleine willkürliche Auswahl und besuchen abseits der grossen Strassen fünf Orte unterschiedlicher Gestaltung.

Saubion-dans-les-Landes in Frankreich

Diese Kirche verströmt den zarten Duft eines verborgenen Veilchens im hohen Grase. Sofort fühlt man sich von diesem Gebäude auf unerklärliche Weise angezogen. Hier kreuzen sich unter dem kleinen Chor zwei unterirdische Wasserläufe, die auch an der Erdoberfläche stark spürbar sind.

Geht man von der Madonna zwischen den ersten beiden Säulen einen Schritt zurück, so findet sich jener bestimmte Kraftpunkt, der uns in einem Augenblick erkennen lässt, dass ein kosmisch-terrestrischer Austausch wirklich spontan eine physische oder psychische Disharmonie eines Menschen korrigieren kann. Die Erkenntnis, dass dies wahrhaftig geschieht, lässt einen erschauern, besonders wenn man eine solche Wirkung nicht erwartet hat. Sicherlich kann dies nur ganz begreifen, wer es persönlich erlebt hat: Vom Hörensagen kann man leicht

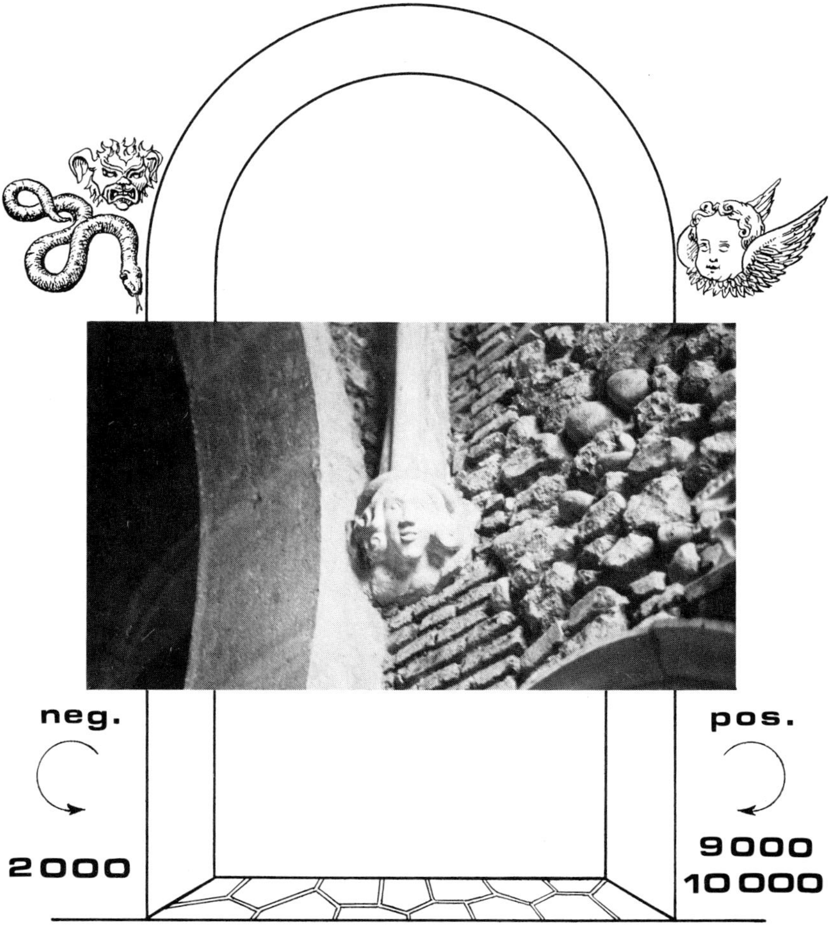

behaupten, das wäre alles nur Einbildung. Erst das starke, persönliche Erlebnis gibt die Gewissheit, dass man in der Wahrheit steht.

In einer Wahrheit, die sich nicht messen lässt und über die nicht diskutiert werden kann – man hat einfach Etwas erfasst, man weiss es.

Morans in Südfrankreich

Die Messungen der Figuren über dem Portal sind kennzeichnend: Zwei entgegengesetzte Kräfte stehen einander gegenüber.

Rechts am Eingang wirkt der positive Einfluss des Engelchens mit der hohen Vibration von 10000 Einheiten, links die negative Gestalt mit dem satanischen Gesicht einer Tierart, das die Vibration brutal auf 2000 Einheiten herabsetzt.

Bisher fanden wir keine befriedigende Erklärung für diesen ungewöhnlichen Willkommgruss beim Eintritt in eine christliche Kirche. Von einem gelehrten Priester, der die Bedeutung kennt, bekamen wir die folgende Darstellung:

Der Mensch, der durch dieses zweiwertige Tor in die Kirche eintritt, trägt selbst diese beiden Aspekte in sich. Er fühlt sich von jener Seite angezogen, die seinem eigenen Zustand am besten entspricht. Das will auch bedeuten, dass jeder seinen passenden Platz im Innenraum findet, im Innern ist die Einheit. Er wird sich am gewählten Platz auf seinem Niveau wohl fühlen. Es kann sein, dass er sich immer wieder an dieselbe Stelle setzt, vielleicht an einen Eckplatz oder sogar versteckt hinter eine Säule.

Zwischen dem Engelchen mit der erhebenden Schwingung und dem teuflischen Tier ist Platz für alle Zwischenstufen. Diese Ströme entsprechen den realistischen Zuständen des Lebens, bekundet durch die beiden Figuren oben am Eingangstor.

Ist hier nicht der wahre Vergebungs-Kraftort, die Anpassung an den Alltagsmenschen und dessen Annahme – so wie er eben ist?

Romainmôtier in der Schweiz

In eine Mulde des französischsprachigen Jura gebettet besteht dieses Kloster seit dem Jahre 450; es ist das älteste in der Schweiz.

ROMAINMÔTIER

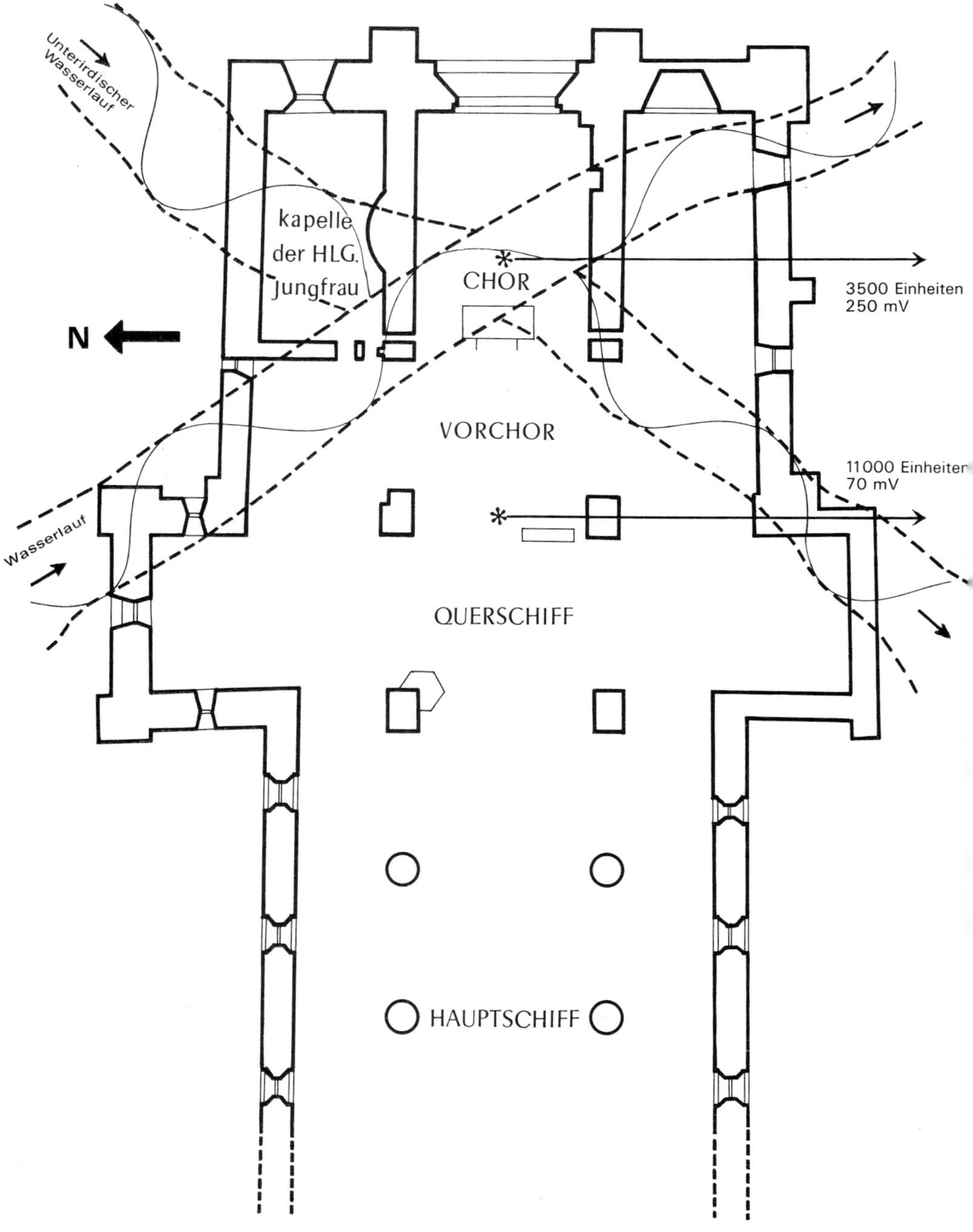

▲ Oszilloskop.

▲ Risse im Boden - Chor aus dem 11. Jahrhundert, in Korrelation mit dem aktuellen Netzgitter und einer H-Kreuzung.

Im 7. und 11. Jahrhundert folgten auf demselben Platz zwei weitere Kirchen. Die letztere ist ein Meisterwerk der romanischen Kunst; sie wurde von Mönchen aus Cluny gebaut. Wie beim Eingang der Kirche von Morans finden wir hier über dem inneren, einfachen Tor zur Kapelle der Jungfrau die gleiche Darstellung von «positiven» und «negativen» Figuren – rechts den Engel mit 10000 Einheiten und links leicht verwischt wiederum die Skulptur des Tieres mit 2000 (siehe die Zeichnung betreffend Morans).

Der Fall von Romainmôtier ist bemerkenswert, denn jene Erbauer sakraler Gebäude, die ihre Kenntnisse über das unterirdische Wasser anwandten, erschienen erst zwischen dem 11. und 14. Jahrhundert. Die beiden ersten Kirchen aus dem 5. und 7. Jahrhundert waren ausserhalb der Wasserzone gebaut. Nur das Gebäude aus dem 14. Jahrhundert hat sein Chor über zwei Wasserläufen. Diese kreuzen sich hier ausnahmsweise in der Diagonale; in einfacherer Form entsprechen sie etwa dem Schema von Chartres und Compostela. Die Kreuzung des Wassers unter diesem Boden musste jedoch sehr störend gewirkt haben. Der Standort des Priesters befand sich an der ungünstigsten Stelle. Zweifelsohne war es für die Erbauer der neuesten Kirche eine harte Nuss, das Prinzip des unterirdischen Wassers in die vorgegebene Architektur der beiden vorangehenden Kirchen miteinzubeziehen. Eine kleine, aber schlimme Dissonanz schlich sich ein – der undankbarste Punkt hinter dem Altartisch zeigt eine der tiefsten, in Kirchen seltenen Vibrationen von nur 3500 Einheiten. Die Kurven im Oszilloskop bestätigen, was der Mensch subjektiv fühlt, es ist ihm hier nicht wohl oder er neigt zur Verkrampfung.

Im Vorchor des 10. und 11. Jahrhunderts, am Rande des Querschiffes, ohne Untergrundwasser, finden wir – wie es an einem solchen Orte sein sollte – die edle Schwingung von 11000 Einheiten, die derjenigen im Chor von Chartres entspricht. Es kann kaum reiner Zufall sein, dass solche Orte der Spannung des elektrischen Energiehaushaltes unserer eigenen Zellen entspricht; hier kommt die ganze Harmonie zum Ausdruck, es gibt keine Störung, weder geobiologisch noch terrestrisch.

DAS DERZEITIGE NETZGITTER H, UNVERÄNDERT SEIT DEM 11. JAHRHUNDERT?

Im nördlichen Raum dieses Vorchores, unter dem ein Wasserlauf durchgeht, gibt es eine Netzgitterkreuzung H. Die Linien des Netzes H stimmen genau mit den Rissen im Boden überein, die sich ebenfalls an dieser Stelle kreuzen. Es ist bekannt, dass solche Risse im Laufe der Zeit durch eine mikro-seismische Schwingung über einem unterirdischen Wasserlauf entstehen. Man kann sie zwar ausbessern, aber sie erscheinen immer wieder an derselben Stelle. Die Risse und das Netzgitter H decken sich hier genau. Wäre daraus abzuleiten, dass sich das Netzgitter H seit tausend Jahren nicht verändert hätte?

Einwenden könnte man, dass das Netzgitter H sich nach dem magnetischen Nordpol richtet und ihn auf seinen Wanderungen durch die Jahrhunderte – hin und zurück – begleitet hätte. Es ist nicht ausgeschlossen, dass es heute durch erneutes Zusammentreffen zufällig wieder wie damals auf die gleichen Linien zu liegen kommt?

Der Ort Palmanova, ein Dissident

Palmanova ist eine zwischen Triest und Venedig gelegene Kleinstadt, die im 16. Jahrhundert nach einem speziellen Plan erbaut wurde. Freudig erregt glaubten wir das Juwel einer Stadt zu entdecken, die aus der Vogelschau die Form eines Spinnennetzes zeigt; sie springt in die Augen, als wäre sie ein wahrhaftiges Mandala. Es gibt hier zwei Stadtmauern, deren Grundriss die Form zweier ineinander gestellter neunzackiger Sterne aufweist.

Ist es Berechnung von Gelehrten oder göttliche Inspiration? Die Bhagavad Gîta formt aus der Bastion mit neun Sperren das Abbild des Körpers eines Eingeweihten, der sich auf diese Art gegen die von aussen kommenden Einflüsse verschliessen und so den inneren Weg schützen kann.

Dieses Bild der Verteidigung kündet die Anwesenheit von etwas Kostbarem an; es erlaubt den Zugang nur denen, die die Türen kennen. Dem unerwünschten Eindringling bleiben sie jedoch verschlossen.

Derart zahlreiche mit der Sorgfalt eines Benediktinermönches gesammelte und vereinigte Symbole waren hinsichtlich der Intensität der Vibrationen und der Lage des Raumgitters H vielversprechend. Doch welche Enttäuschung! Alle vergleichbaren

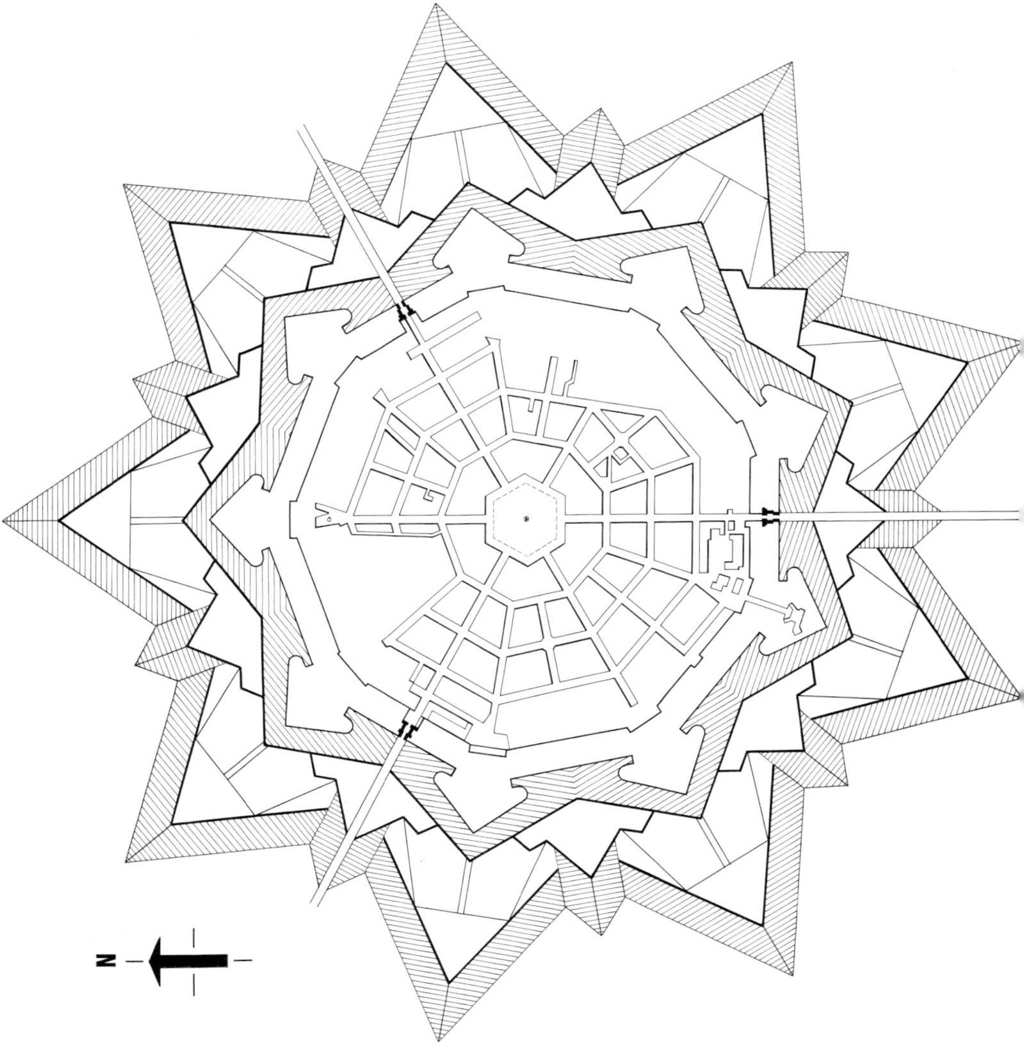

PALMANOVA

Messungen ergaben nur die üblichen Durchschnittswerte. Wie alte Dokumente bezeugen, wurde der Standort dieser wehrhaften Stadt nur aus strategischen Gründen und wegen des soliden Bodens gewählt, um das Gebiet von Friaul vor einem türkischen oder österreichischen Angriff zu schützen. Die Planung war rein militärisch überlegt, als stolzer Stützpunkt auf dem Weg zum mittleren Orient.

Diese Enttäuschung lehrte uns, Formen zu entmystifizieren, die entgegen ihrem Erscheinungsbild keine Spur von Initiation enthalten.

Ein kleiner, aber wirksamer Ort der Kraft

In einem eindrucksvollen Steinbruch bei Würenlos im schweizerischen Kanton Aargau, weist ein kleiner Flecken Erde unter einem Gewölbe natürlicher Architektur eine mächtige Vibration auf; sie erinnert an die Schwingungen im Chor von Chartres.

Diese Grotte aus Muschelkalk ist gleich einem Sammelgefäss terrestrischer – nicht kosmischer – Energie. Sie wurde in den dreissiger Jahren von einer begnadeten Heilerin entdeckt. Das Gestein ist hier mit besonderen Qualitäten angereichert; es hat sogar mit Erfolg schwere Fälle von Kinderlähmung geheilt. Es behebt auch manche Übel auf physischer Ebene.

Der Kalk wird durch eine besondere tektonische Struktur stark bestrahlt, die für diesen Ort charakteristisch ist. Die unterirdische Geografie zeigt, dass sich an diesem Ort zwei kräftige Ströme Thermalwasser kreuzen, welche die Bäder der Kurstadt Baden speisen.

So kann ein kleiner kaum bekannter Ort spezifische Energien konzentrieren und festhalten. Der Mensch sollte sich im allgemeinen mehr um das kümmern, was ihm der Genius der Erde anbietet. Die Kräfte der Natur sind unserer Generation, die nur dem Trend der Technik vertraut, noch viel zu wenig bekannt.

Die Wiederentdeckung der wirkenden Elemente in der Natur hat jedoch so viel Verlockendes an sich!

Keinen Reiseführer für die Orte der Kraft!

Scheint es sinnvoll, einen Reiseführer zu schaffen, für jene Suchenden, die sich an diesen Kraftorten wieder aufladen möchten? Nein! Selbst wenn diese ausströmende Kraft eines Ortes mit den Jahren nicht abnimmt, so wird sie doch durch die vorüberziehenden Leute oder durch eine Gruppe von Besuchern für eine gegebene Zeitspanne geschwächt.

Das muss man immer wieder neu auch an den berühmtesten Orten mit Enttäuschung feststellen, wie zum Beispiel in

Köln, Strassburg, Reims, Westminster, Canterbury,
Florenz, Ravenna, Pisa, Mailand...
und die Liste könnte weit verlängert werden.

Nach dem Besuch auch nur einer einzelnen Person ist am Ort ein Energierückgang feststellbar; die Intensität der Kraftstelle hat vorübergehend abgenommen.

Es dauert durchschnittlich etwa eine halbe Stunde, bis der Anfangs-Zustand eines Ortes wieder hergestellt ist, besonders nach der stillstehenden Anwesenheit einer meditierenden Person.

Ein Kraftort muss nicht notwendigerweise eine grossartige Kirche oder ein berühmter Wallfahrtsort sein. Die Haltung der Reformatoren, die gerade in Opposition zur Errichtung eines gewaltigen, sakralen Bauwerkes ein rein geistiges Werkzeug zur höheren religiösen Entwicklung errichten wollten, stützten sich auf die Heilige Schrift, um hervorzuheben, wie wenig Gewicht einem Heiligtum beizumessen sei. Sie hielten sich an das Matthäus-Evangelium, das da sagt: Wo zwei oder drei in Meinem Namen beisammen sind, da bin Ich in ihrer Mitte. Wo jeder selbst Tempel des Göttlichen ist, wohnt auch sein eigener Lehrmeister in ihm.

Einen Reiseführer für die Kraftorte schaffen? Um ehrlich zu bleiben: Ist es nicht besser, von jeder Propaganda auf diesem Gebiet abzusehen?

Die Freude am eigenen Entdecken wird das Herz des Forschers belohnen.

3. DOLMEN, MENHIRE UND DAS RAUMGITTER H

Von der keltischen und bretonischen Sprache herkommend, bedeutet *Dol*: Platte, Steintisch – Opfertisch, Altar, Begräbnisstätte. *Men*: Stein; *Hir*: lang.

Der Dolmen, die «Steinplatte», ist ein vorzeitliches megalithisches Monument: Eine gewaltige waagrechte Steinplatte, die auf mehreren grossen, senkrecht aufgestellten Steinen ruht.

Der Menhir, der «Langstein», ist ein hoher, aufrecht stehender, einzelner Stein. Die beiden Formen – Dolmen und Menhir – kann man als Symbole zweier Polaritäten gegenüberstellen: waagrecht – lotrecht, weiblich – männlich, Yin – Yang.

Diese Megalithen sind zu tausenden zwischen dem Fernen Osten und Irland anzutreffen; viele von ihnen wiegen mehrere Tonnen. Die Zeit ihrer Aufstellung wird mit etwa 4000 Jahren vor unserer Zeitrechnung angenommen.

Die Dolmen – besonders jene in den Zentralpyrenäen und dem spanischen Baskenland – richten ihre Achse nach Süd-Osten (auch da wieder der Süd-Osten!). Der Dolmen wird an allen Seiten von je drei abgedrängten Reizstreifen begleitet, die ihn wie ein schützender Schrein umgeben. Das Raumgitter H ist hier nach seinen vier Richtungen erweitert, die Zone im Zentrum ist ungestört und neutral, eine schützende Höhle – Yin. Dieser Platz im Innern hat die gleiche Wirkung wie das Innere eines grösseren Kultgebäudes eines Kraftortes.

Typischer Dolmen.

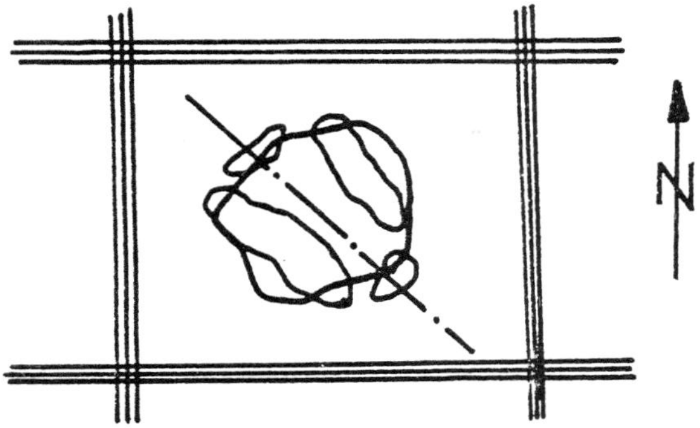

Schnitt eines Dolmen Süd-Ost ausgerichtet.

Der Menhir dagegen entspricht dem Yang, energisch ausstrahlend. Als scheinbarer Widerspruch gibt es solche, die sich ähnlich wie radioaktive Strahler, wie eine Art Vampire verhalten: Personen, die sie während mehr als einer Woche aus nächster Nähe untersuchten, wurden weitgehend entkräftet; sie benötigten einige Wochen, um sich wieder zu erholen.

Hierzu ein konkretes Beispiel aus dem Pas-de-Calais in der Nähe des Dorfes Ecoivres in Frankreich. Dort stehen zwei grosse Menhire; die lokale historische Gesellschaft glaubt, dass es die ältesten keltischen Megalithe sind. Diese Steinnadeln erheben sich 2,55 Meter, bezw. 3,10 Meter über den Boden, etwa ein Drittel des ganzen Steines befindet sich unsichtbar im Boden. Landläufig werden sie die «Steine von Acq» genannt oder mit der Bezeichnung «die Steine des Teufels» charakterisiert; sicherlich nicht ohne triftigen Grund.

Ist dieses Gelände wegen seiner Strahlungen besonders gefährlich? Sollten die Einheimischen in den Abdrücken im Stein die Klauen des Teufels gesehen haben?

Das Raumgitter H wird hier gleichsam vom Stein angezogen, es folgt dieser Anziehungskraft und verformt sich so, wie es die Abbildung «Ausschnitt aus dem Raumgitter H der Region» S. 174 zeigt.

Die beiden Menhire von Acq oder «Steine des Teufels».

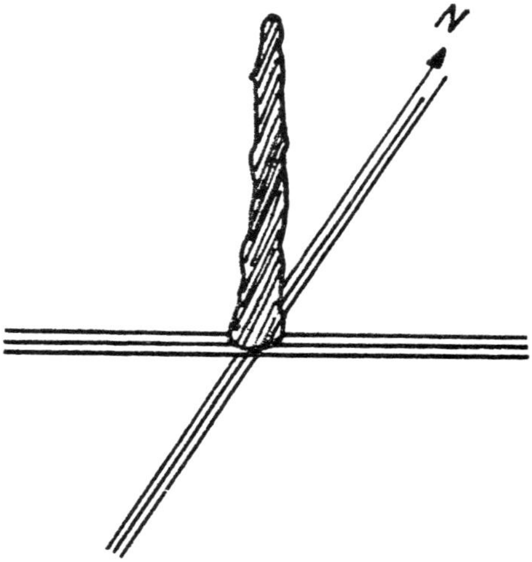

Über 9 Kreuzungspunkten H wirkt der Menhir als Sender.

MENHIRS VON ACQ genannt «STEINE DES TEUFELS» und das Netzgitter H.

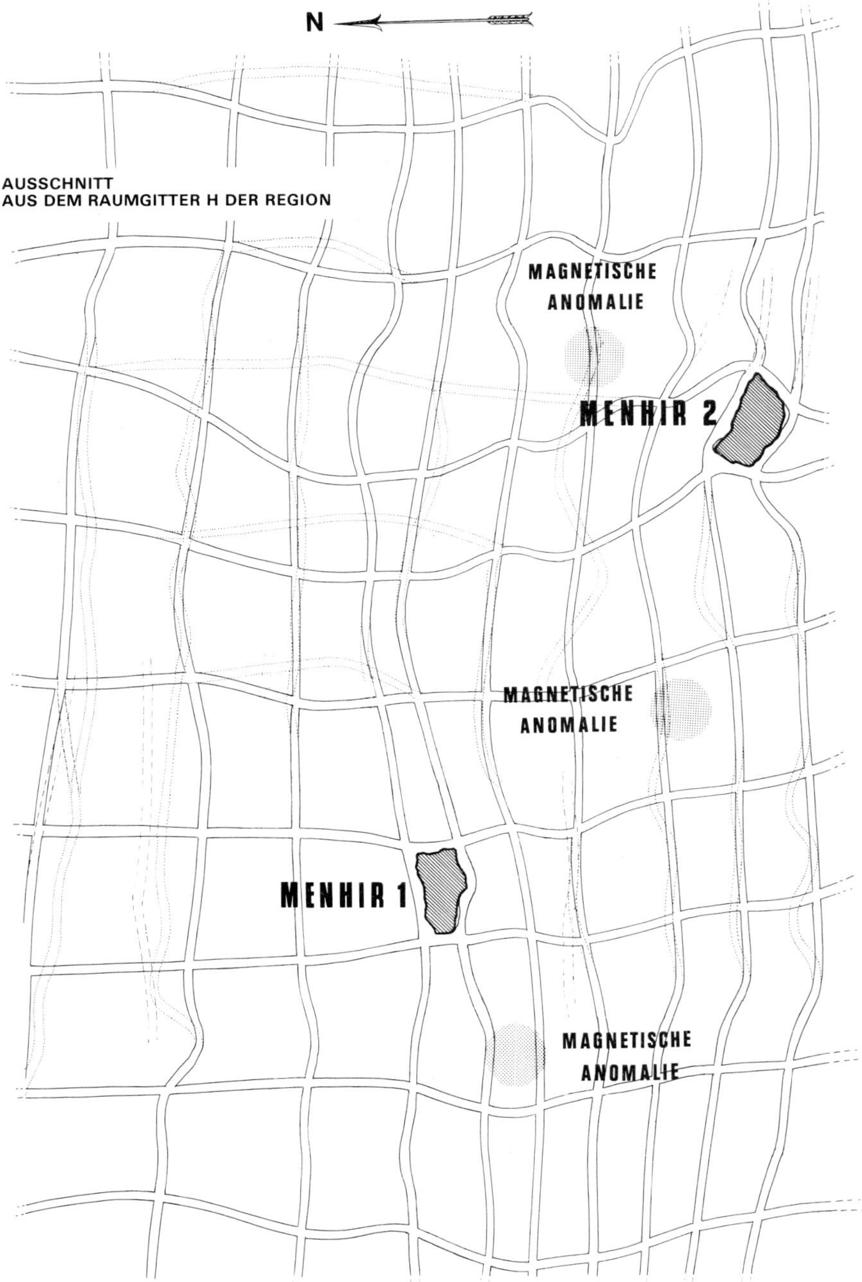

AUF DEM GELÄNDE

Macht man sich die Mühe, die Lage der Menhire in eine genaue Landkarte einzuzeichnen, so stellt man fest, dass sie nicht wahllos angeordnet sind. In der Regel führen unter jedem Menhir je drei eng nebeneinander liegende Reizstreifen H in Nordsüd- und Ostwest-Richtung, so dass er über neun Kreuzungspunkten steht. Sammeln diese Steine also terrestrische oder kosmische Energie, um sie wieder in ihre Umgebung auszustrahlen – wie eine das ganze Jahr wirkende Antenne.

Ohne Zweifel gab es zu allen Zeiten eingeweihte Menschen, die es verstanden, ihre Verbindung mit der Erde zu finden, sowie ihre Energie und ihre Kräfte auszuwerten. In der Vorzeit konnte sie der Ackerbau nützen. Diese bis in unsere Zeit erhaltenen Steinsäulen scheinen ihre Rolle als Energiespender zu haben, um die Fruchtbarkeit in einem gegebenen Umkreis zu fördern.

X. DIE RESERVEN FEINSTOFFLICHER ENERGIEN

1. EIN KLEINES ZUKUNFTSLIED: DIE REVOLUTION DER TACHYONEN

Die ungeheuer grosse Reserve dieser heute noch kaum bekannten Energieform, die sich im Weltraum befindet und deren kleinste Teilchen Tachyonen genannt werden, wird wohl im Laufe der kommenden Zeiten eine der spektakulärsten Umwälzungen auf dem Gebiet der alternativen Energien bringen.

Im Kapitel über Chartres mit unseren ungewöhnlichen Erfahrungen auf einem besonderen Strahlungspunkt in der Nähe der «Hlg. Jungfrau du Pilier» haben wir bereits erwähnt, dass die Dichte dieses Energiefeldes nahezu eine Milliarde Volt per Zentimeter aufweist. Um ein ganz anderes Bild dafür zu geben: Jeder Mensch auf dem ganzen Erdball könnte während seines ganzen Lebens für seine Beleuchtung eineinhalb Millionen 100-Watt-Birnen brennen lassen. Diese energiereiche Strahlung, als Schwerkraft-Feldenergie oder Tachyonen-Feldenergie ist im Weltraum überall in unvorstellbarer grosser Dichte vorhanden.

Für zahlreiche hervorragende Forscher hat diese Zukunft schon begonnen; die ersten Schritte in die Öffentlichkeit wurden anlässlich der Kongresse in Hannover 1980 und Toronto 1981 getan. Die Konversion dieser Energie und ihre praktische Anwendung in Technik, Medizin und Wirtschaft werden für eine heute noch ablehnende Gesellschaft atemberaubend sein.

Wenn diese Entdeckung durch Wilhelm REICH während beinahe eines halben Jahrhunderts von der Wissenschaft nicht zur Kenntnis genommen wurde, ist dies wohl den Theorien Einsteins zuzuschreiben, der seinerzeit den Äther als nicht existent betrachtete. Später erkannte er übrigens – relativerweise – seinen Missgriff.

Um diese Tachyonen-Energie aus dem universellen Energie-Ozean zu gewinnen, muss man sie dazu bringen, mit einem anderen physikalischen System in Wechselwirkung zu treten. Eine anwendbare Methode wäre diejenige gemäss dem Tesla-Prinzip. Im Grundprinzip würde es sich darum handeln, elektromagnetische Lichtwellen – etwa Laserwellen – so umzuwandeln, dass sie als Träger- oder sehr hochfrequente Wellen mit dem umgebenden Tachyonenfeld in Kollision geraten. Der Blitz soll auf diese Weise entstehen. Die Physik macht in der Erforschung der Tachyonen-Energie zur Zeit nur ihre ersten Schritte; nach den ersten Kinderkrankheiten haben die Forscher jedoch bereits im stillen überraschende Resultate erhalten. In diesem grossen Energievorrat des Universums, in den die Intelligenz des Menschen greift, könnten sich immerhin noch einige Überraschungen finden lassen. Bei jedem Anfang besteht die Gefahr, sich die Finger zu verbrennen – wie auch wir es schmerzhaft erfahren mussten, anlässlich der ersten angewandten Versuche durch alleswissende Unerfahrene, die mit solchen noch zu wenig erforschten Kräften spielten.

In einem zukünftigen orchestrierten Missbrauch von Mikrowellen wird aber auch das «Böse» (das ja leider vorhanden ist) diese neuen Ergebnisse der Forschung benützen wollen. Wird sich dann über unseren Köpfen der Kampf um die Vorherrschaft nicht noch härter abspielen als jetzt!

Im Gestrüpp der Wellentechnik unserer Tage ist der Missbrauch der Radionik beunruhigend. Es ist sehr gefährlich, diesen Löwen geweckt zu haben, der auf Distanz vernichten oder beleben kann. Alle vom Menschen geschaffenen Gesetze scheinen ohnmächtig zu sein gegenüber den aktuellen unerfreulichen Manipulationen allzuvieler Zauberlehrlinge. Der eine öffnet ein Tor und die ganze Meute stürzt hinterdrein.

Die Resultate vielseitiger Forschungen konkretisieren sich allmählich zu mehr oder weniger schwer verständlichen Theorien. Die Gesetze der Natur und des Universums sind unveränderlich, der Mensch ist jedoch für ihre Anwendung und ihren Missbrauch verantwortlich. Goethe verlangt von der Wissenschaft, dass sie die Kenntnis aus der Natur zu schöpfen habe und dann fähig sein soll, sie zu formulieren.

Von uns wird aber auch noch eine andere machtvolle Energie vergeudet, die wertvollste Form der menschlichen Energien, die wir einfach – Liebe nennen.

Um diesen Ausdruck in seiner vollen Bedeutung zu verstehen, ist die Menschheit noch nicht reif genug.

2. DER UNBEACHTETE EINFLUSS DES MONDES

Von den kosmo-terrestrischen Einflüssen kennen wir auch noch heute nur einen kleinen Teil, von dem jedoch die Wirkung des Mondes nicht ausser acht gelassen werden sollte. Unsere Vorfahren wussten davon mehr als wir, wenn auch der moderne Erdenmensch schon seine Fussspuren auf dem Mond hinterlassen hat. Die Alten erfreuten sich eines wahren Wissens, über das wir unsererseits nur allzuoft spötteln. Da dieses Wissen nur mündlich weitergegeben wurde, bestand die Gefahr, dass nur allzu nützliche Aspekte mit dem Verschwinden unserer Urväter verloren gingen. Doch wenn wir die alten Überlieferungen anwenden – sei es auch nur aus Neugierde – und die Resultate beobachten, so können wir nur verblüfft sein und uns schliesslich den Tatsachen beugen.

Während der fünf Nächte des Vollmondes, also der drei vorangehenden und der zwei nachfolgenden, weist das Erdmagnetfeld Veränderungen auf und hat einen überprüften Einfluss auf die menschlichen Wesen, auf deren Schlaf, auf die Geburten, auf die «Mondsüchtigen». Messungen ergeben, dass das Gleichgewicht der menschlichen Zelle gestört wird; erinnern wir daran, dass die gesunde Zelle eine Frequenz von 27 Megahertz hat, und dies entspricht für 1 MHz einer Million Schwingungen pro Sekunde.

Was soll man davon halten, wenn unsere Alten einen Baum niemals bei abnehmendem Mond veredelten, weil dann dieser während mehrerer Jahre keine Früchte trägt. Im biologischen

Landbau werden diese grundsätzlichen Naturregeln mehr und mehr beachtet: Die Landwirte pflanzen bei zunehmendem Mond, was Frucht und Blatt bringen soll und bei abnehmendem Mond jene Gemüsesorten, die sich unter dem Erdboden entwickeln sollen.

Alles was aufgebaut oder verstärkt werden oder zunehmen soll, wird erfolgreich sein, wenn die Arbeit bei zunehmendem Mond *beginnt.* Der beleuchtete Teil des Mondes ist von uns aus gesehen auf der rechten Seite und die auf der rechten Seite durchgeführten Bewegungen werden gefördert, die Tätigkeiten begünstigt.

Im Gegensatz dazu soll alles was ausgeschieden, gereinigt, herausgezogen werden soll, bei abnehmendem Mond durchgeführt werden. Es ist die linksausgeführte Geste, der beleuchtete Teil des Mondes befindet sich links.

Wer noch nie etwas davon gehört hat, soll ruhig seinen Kopf schütteln; wer aber Lust hat, solche Experimente durchzuführen, wird erstaunt sein und belohnt werden.

Der Mond gilt vor allem als Gestirn der Lebensrythmen. Dieses Licht der Nacht, obwohl es nur sekundär die Bestrahlung durch die Sonne reflektiert, besitzt eine unglaubliche Durchdringungskraft, deren Intensität bei Vollmond stärker ist als diejenige der Sonne. Dies wurde auch beim Erforschen der Mineralien in grossen Tiefen anhand ihres Einflusses auf die Moleküle und die Polarität festgestellt.

Ein anderes praktisches Beispiel soll an die alten Walliserinnen erinnern, welche eigenhändig ihre ungebleichten Leintücher aus selbst gesponnenem Flachs webten: Um dem Tuch ein prachtvolles Weiss zu geben, breiteten die Frauen dasselbe während der Vollmondnächte auf dem Gras aus. Würden diese Tücher jedoch nur der Sonne ausgesetzt, behielten sie ihre Naturfarbe, würden sogar nach dem üblichen Waschen eher grau. Den Leitern der aktuellen Informationskampagnen, die gegen die Vergeudung ankämpfen und die versuchen, keine alternative Energiequelle ungenützt zu lassen, dürften hier mit dem Mondlicht noch einige eigene Lichter aufgehen.

Der sogenannte Magnetismus des Mondeinflusses ist noch wenig bekannt. Man weiss, dass an der Basis aller religiösen Riten eine Art Magnetismus besteht, der zu bewahren oder zu heilen versteht. Das ägyptische Totenbuch weist auf ein magnetisches Verfahren hin, womit im Innern der Sarkophage eine konstante Temperaturhöhe erreicht werden konnte. Welchem Forscher unseres Jahrhunderts wird die Ehre zufallen, im Wetteifer nach alternativen Energien, dieses Prinzip neu zu entdecken?

Vieles ist wohl im Gange, der Mond dient ja schon als Stützpunkt für die zeitgemässen Messungen der kosmischen Strahlung im Weltall.

Wie viele Tiere wählen die Nacht für ihre Jagd. Der Mond ist ihr Helfer und entschleiert ihnen die Geheimnisse der Natur. Das Mondlicht beleuchtet für das Auge nur die Oberfläche der Formen und der Mensch als Jäger fällt oft allzu leicht selbst in die Falle.

Blumen in der Vase, die bei Vollmond vor einem Spiegel stehen, bleiben die Nacht über offen; sie können ihrem natürlichen Rhythmus wegen der Lichtreflexion des Spiegels nicht folgen. So muss man auch nicht überrascht sein, wenn der Mensch wegen des gleichen Widerscheins des Spiegels während dieser Zeit nicht schlafen kann. Wenn er nachts vom Mondlicht nicht gestört sein will, muss er dasselbe vollständig fernhalten. Das Beispiel mit den Blumen dürfte ein Hinweis sein: Am Tag fröhlich entfaltet, des Nachts aber gezwungen, weiterhin die Schönen der Nacht zu spielen, werden sie in solch einem gestörten Rhythmus viel schneller verwelken... für jeden Menschen ein Fingerzeig für das frühzeitige Altern.

«Mein Freund Pierrot» sagt das beliebte französische Kinderlied, das dem Mond huldigt – was wird aus dem Dichter und dem Träumer, nachdem das technische Genie des Menschen dieses Mondgesicht entzaubert hat?

Nur der Astrologe wird noch verstehen, seinem Thema eine Verbindung mit diesem planetarischen Zeichen herzustellen; er wird je nach seiner Tendenz, das Unbewusste, die Imagination oder das Wechselhafte stärker betonen.

Der Mond wird durch seine wechselnden Phasen der Indikator der vorüberziehenden Zeit bleiben. Er versteht es total zu verschwinden, um dann wieder mit strahlender Pracht aufzutauchen. Er war auch das einzige Licht, der einzige Begleiter, der in früherer Zeit den Pilger und Seefahrer durch die Nacht führte.

Der Mond als Hauptfigur und Star unzähliger Mythen und Legenden ist in verschiedenen Sprachen entweder weiblicher Natur oder im Gegensatz dazu ein männliches Element.

Welche Gelegenheit zum Streitgespräch für Gelehrte!

3. ÄTHERISCH-ENERGETISCHE WESEN GEFANGENE EINES ORTES

Im Rahmen unserer gegenwärtigen geobiologischen Untersuchungen in Gebäuden hielten wir uns an folgendes Schema:

Geologische Störungen wie Untergrundwasser und Verwerfungen; Raum- oder Netzgitter H und Diagonalreizstreifen, vor allem deren Kreuzungen; ebenso elektromagnetische technische Störfelder und radioaktive Strahlung, so dass eine ganzheitliche Diagnose des Hauses oder der Wohnung gestellt werden konnte.

An bestimmten Orten freilich ist es nicht mehr möglich, gewisse verwirrende Zusammenhänge beiseite zu lassen, wenn sie sich als konkrete Tatsachen erwiesen haben. Es ist unerlässlich, auch diese eigenartigen Aspekte ernst zu nehmen.

Wie in allem ist auch hier die Erfahrung der beste Lehrer. Selbst wenn man in dieser Hinsicht anfangs misstrauisch oder ungläubig ist und sich diesem bisher unerklärbaren Problem nähert, kann das Phänomen nicht mehr bestritten werden, dass man einer undefinierbaren, unsichtbaren und manchmal wirklich bedrohenden Wesenheit gegenüberstehen kann. Diese Plätze unterscheiden sich in ihrer besonderen Schwingungsform erheblich von einer harmlosen Umgebung.

Der Schriftsteller kann in seinem Roman die sogenannten Gespenster-Häuser bequem in diese Kategorie einreihen, obwohl die meisten an solche Orte gebundenen Präsenzen einer düsteren Zeitlosigkeit sich gerne in der Dunkelheit verbergen. Wenn die

Bewohner auch nicht immer an einer tiefgreifenden Neurose leiden, so werden sie doch verängstigt, körperlich und seelisch entkräftet sein.

In zahlreichen Fällen, denen wir begegneten und die sich wiederholten, besonders in den Häusern, wo ein gewaltsamer Tod, ein Unfall oder Selbstmord geschehen war, kann der sensible Sachkundige die Tatsachen beinahe wie ein Empfangsgerät aufnehmen. Es scheint sich zu bestätigen, dass ein gewaltsamer Tod den physischen Körper vom ätherisch-energetischen auf eine disharmonische Weise trennt. Dieser energetische oder ätherische Körper ist, es sei daran erinnert, die Hülle, ein Abbild des physischen Körpers in einer weniger dichten Materie. Sollten diese beiden Körper nicht zur gleichen Zeit sterben können, also in harmonischer Verbundenheit, so ist es möglich, dass der eine Teil – eine Art Projektion dessen, was die lebende Person war – noch einige Zeit an den unheilvollen Ort gebunden bleibt.

Nicht dass diese «unruhigen Seelen» unbedingt die Überlebenden verfolgen, indes steht doch fest, dass diese am Ort haftenden Wesenheiten oder vibratorischen Energien die Lebenskräfte der Bewohner anzapfen und mindern können. Erstaunlicherweise kann ein Gerät im Gigahertz-Bereich, dessen Wellenlänge 21–22 cm beträgt, diesen Zustand ändern: Die vampirartige Wesenheit kann sich loslösen, die Menschen an diesem Ort finden ihre Lebensfreude wieder und haben kein bleiches, depressives Gesicht mehr. Dies sind einfache, klare Beobachtungen.

Diese abgesonderten, ätherisch-energetischen Gestalten, die ohne physische Stütze zur Untätigkeit verurteilt sind, dürften sozusagen unglückliche, fluide Elemente sein. Darf man in dieser Hinsicht betonen, dass Selbstmord keine Lösung ist, sich von den grobsichtbaren oder auch versteckten Erdenleiden zu befreien. Bedeutet unser Begriff «Hölle» vielleicht die Ohnmacht, nicht in Frieden sterben zu können?

Diese Beobachtungen lassen eine andere Frage auftauchen, auf einem umstrittenen Gebiet: Sollen die Toten eingeäschert werden? Im Mittelalter verbrannte man die Hexen und die Ketzer, um sie der Auferstehung zu berauben und sie für immer zu vernichten. Dies sind wohl sehr alte Überzeugungen, indes ist es höchst wahrscheinlich, dass das Loslösen des spirituellen Körpers langsam fortschreitend vor sich gehen sollte, eingebettet im mütterlichen Schoss der Erde. Der naturgebundene Mensch bestattete seine Toten in der Erde, was der Urtradition näher zu kommen scheint als die Einäscherung.

Dieser ätherische Körper, der noch längere Zeit an seinen Ort gebunden sein kann, wird verschiedene Erscheinungsformen annehmen, ganz besonders in der Phase der Mutation. An einem unheilvollen Ort nimmt diese Präsenz oft die Form einer vibratorischen 8 (Acht) an. Die liegende ∞ bedeutet in der Alchimie das Unendliche, sie stellt ebenfalls die Verdauung, die Umwandlung, die Auflösung dar. Der achte Buchstabe im hebräischen Alphabet bedeutet: Wasser, Gebärmutter, Ende einer Begrenzung, Aufgabe des verflossenen Lebens zur Wiedergeburt.

Mit der Geburt verbinden wir das Sakrament der Taufe. Sollte es in unseren heiligen Stätten einen symbolischen Grund dafür geben, die Taufbecken achteckig zu bauen? Als Behälter der Substanz und der Essenz einer schöpferischen Wasserenergie wird der achteckige Taufstein zum Vermittler zwischen dem Quadrat und dem Kreis, der Erde und dem Himmel, wie schon früher erwähnt. So bleibt die Acht die Übergangsform des sich in Umwandlung befindlichen ätherischen Körpers.

Die an einen Ort gebundenen Wesen weisen einen feinstofflicheren Aspekt auf als in den sogenannten Spukgeschichten, die sie mehr oder weniger furchterregend darstellen. Sie sind auch weit entfernt von einem indischen Brauch, nach dem man auf dem Rückweg von einer Totenzeremonie einen Stein hinter sich wirft, um zu verhindern, dass der Geist des Toten zurückkehren kann – falls er Lust dazu hätte.

Wo solche Wesenheiten auftauchen, darf man nicht der Angst verfallen; die angerufene und erhaltene innere Kraft wird in allen Situationen Schutz bieten.

Auch ist es ratsam, sich von einer gewissen Literatur zu distanzieren, die angebliche Schutzmittel empfiehlt, die nur auf Aberglauben beruhen. Ein einzelnes, lächerliches Beispiel dazu ist der Glaube, man sei geschützt, wenn man rund um das Bett

Stricknadeln steckt! Im Gegenteil: Dies wäre die schönste Antennenwanne, welche ihrerseits eifrig die Wellen der modernen Sendestationen auffinge. Dies bedeutete eine Verschlechterung des Schlafplatzes und die Fäden des Schicksals nur noch mehr zu verwirren.

4. KUNSTWERKE SIND NICHT IMMER UNGEFÄHRLICH

In der Kunst wagt man sich in das Gebiet der Formen und Farben. Die Kunstwerke – die ja durch das Gefühl oder die Leidenschaft des Künstlers beseelt sind – lassen den sensiblen Menschen nicht gleichgültig; er nimmt die Stimmung in sich auf, die der Schöpfer des Werkes bewusst oder unbewusst hineingelegt hat.

Wo in den Linien und den Farben eine ruhige harmonische Wirkung zum Ausdruck gelangt, wird der aufnahmefähige Mensch eine innere Ruhe finden. Derjenige hingegen, der eine Anregung braucht, wird ein lebensfreudiges Bild mit viel aggressivem Rot an seine Wand hängen. Aber eine solche Komposition im Zimmer eines Kindes? Da muss sich dann keiner wundern, wenn es unruhig schläft oder sich wie ein aufgeregtes Teufelchen benimmt. Zögern wir keinen Augenblick, ein störendes Kunstwerk wegzuschaffen, sobald wir bemerken, dass es mit unserem tiefsten Erfühlen unvereinbar ist. Der Gegenstand übt auf das Individuum eine geheime Macht aus, mit der Zeit wird sich sein wahres Ich wandeln, sodass es nicht einmal seine eigene Ahnungslosigkeit beurteilen kann. Der erste Gedanke, die wahre Eingebung, ist fast immer die richtige – man sollte jedoch nicht der intuitiven nachfolgenden Welle folgen, weil dieselbe eher unseren kleinlichen persönlichen Wünschen entspricht.

Die heimliche Wirkung dieses heimtückischen Kunstwerkes veranlasst den Menschen, seinen Lebenstanz weiterhin hinter seiner Maske zu führen. Die vom Künstler bearbeitete Materie wird für uns oft zum Träger und Förderer hoher oder niedriger Gedanken. Die Abneigung, etwas wegzuwerfen, lässt oft das Objekt für uns zum tyrannischen Beherrscher werden.

Ohne sich auf die verschiedensten Vorstellungen einzulassen – wie kommt es, dass im folgenden erlebten Fall die Aufstellung der eigenen Büste auf dem Nachttisch der betroffenen Person Schlaflosigkeit, Alpdruck und Verlust der Kräfte brachte?

Das Biometer gab vor diesem Kunstwerk die niedrige Vibration von weniger als 1000 Einheiten an; eine schwächende, entnervende Kraft ging von diesem materialisierten Abbild aus, das andererseits ein harmonisches Gesicht von hoher moralischer Gesinnung zeigte. Sobald dieses Kunstwerk entfernt wurde, fand die Betreffende ihre Vitalität und Ausgeglichenheit wieder.

Aber warum war dieses Doppel so hungrig?

Ohne Zweifel handelte es sich um eine Aneignung von Formwellen, die umso raffinierter war, da Form und Gesichtsausdruck übereinstimmten. So als ob Zwei versuchten EINS zu werden und mehr und mehr der eine zu Lasten des anderen die Lebensenergie an sich riss.

Wer eine Verbindung annimmt, muss auch deren Freuden und Fesseln akzeptieren.

Besondere Vorsicht ist bei Kunstwerken, Masken oder antiken Statuen geboten, wenn sie der berüchtigten schwarzen Magie gedient haben sollten. Ihr schädigender Einfluss kann noch heute wirken, auch wenn die Werke bereits 4000 Jahre alt sind. Die unerwarteten Auswirkungen können schmerzvoll sein, auch wenn man nicht daran glauben kann und davon nichts wissen will. Nur ein kleiner Mangel an Urteilskraft – und eines Tages zeigt es sich, dass man zum ahnungslosen und unschuldigen Opfer solcher unheilbringender Kunstwerke geworden ist!
Unzählige selbst erlebte Fälle häufen sich, jedoch geht es hier nicht darum, Sensationsberichte weiterzugeben.

Wenn man unerfahren plötzlich unbekannten Kräften gegenüber steht – die aber ihrerseits böse Wirkungen bis ins kleinste sorgfältig programmiert in sich bergen – fällt es nicht leicht, diese zu meistern. Der Koran deutet auf die Praktiken der Schwarzmagier hin, die magische Knoten knüpften, um damit ein verderbenbringendes Schicksal festzubinden. Ist es nicht seltsam, dass ein Mensch, der aus dem Gleichgewicht geraten ist oder durch solche zerstörende Kräfte angegriffen wurde (und man muss leider zugeben, dass dies vorkommt), seine Orientierung wieder findet, wenn er sich einige Zeit auf eine Netzgitterkreuzung H setzt; es ist gewissermassen eine Gegenwirkung oder der helfende Beistand der Erde, hier auf ihre Art einzugreifen.

Entscheidend ist, hier nicht in Panik zu verfallen. Ein klares inneres Licht soll man bewahren, ja sogar für diese Angreifer Mitgefühl haben... sich ihnen in Liebe zuzuwenden wäre sicherlich erfolgreicher – aber wohl zu schwierig?

Kommt man diesen absurd erscheinenden Wesenheiten mit Wohlwollen entgegen, kann es gelingen, sie aus ihrer Unruhe zu erlösen. Heutzutage fehlt bei weitem das Inventar all der Spielformen dieser seltsamen Welt, die hier offenbar wird.

15. AM WEGRAND

Die rätselhaften ELEMENTALE und das Reich der Märchen

Dies ist ein Gebiet mit strengen Warntafeln – aber wagen wir es trotzdem, hier einzudringen – riskieren wir den Stab in den Ameisenhaufen!

Im Rahmen der Beziehungen Erde-Kosmos betrachten wir mit den Augen der kleinen Menschen, die wir sind, eine Stufe unterhalb unseres Lebensbereiches. Ausserhalb der Reichweite unseres Bewusstseins tummelt sich eine Vielzahl von Wesen, die nur in Ausnahmefällen sichtbar werden können. Es handelt sich um jene «Elementargeister», *Elementale* genannt, die sich weder dem menschlichen noch dem tierischen Lebensbereich zuordnen lassen. Flüchtig gesehen könnte man glauben, in eines der irrationalsten Gebiete zu kommen, indessen richten die Forscher in der Bio-Energetik mehr und mehr ihre Aufmerksamkeit auf dieses brachliegende Land.

Der Schlüssel dazu steht heute noch nicht Herrn und Frau Jedermann zur Verfügung, aber das Vorgehen für die Erlangung tieferer Erkenntnis besteht vor allem im:

1) Beobachten – und in Verbindung damit, auf einer subtileren Ebene, in der Intuition
2) Hinhören – bis zur Hellhörigkeit
3) Experimentieren – bis zum eigenen Erleben

Für viele primitive Völker – doch wie viele sind noch ganz naturverbunden – gibt es eine angeborene Verbindung mit einem höheren Bewusstsein, einer Erweiterung des Erfühlens, die zur vollwertigen Realität wird. Hier distanzieren wir uns jedoch von den Märchengestalten böser Zwerge und tölpelhafter Riesen.

Versuchen wir anzuerkennen, dass alles voneinander abhängig ist, nichts kann von den Lebenskräften losgelöst werden, die an der Lebensleiter auf- und niedersteigen und vom Erkennbaren zum Transzendenten führen.

Dieser unsichtbaren, lebendig kreisenden Hierarchie versuchen wir auf den Fussspitzen leise näher zu treten und für eine kleine Weile die Welt der *Elementalen* zu belauschen.

Um uns nicht nur mit den tiefer gelegenen Schichten zu beschäftigen, wollen wir auch kurz die höher entwickelten streifen, wo der Mensch mit den *Medianen* in Verbindung treten kann, den in der Kosmogonie von Urantia **3) geoffenbarten Vermittlern höherer Weisheit. Urantia ist der kosmische Name für unseren Planeten, die Erde.

Diese Mediane und auf noch höherer Ebene die «Ordner unserer Gedanken», die «Ajusteurs de pensées», sind mit einem jenseitigen Kommunikationsnetz verbunden. Sie sind damit fähig, uns gewöhnliche Sterbliche in allen Wechselfällen des Lebens zu leiten. Die Existenz einer solchen Stufenleiter bedeutet aber kein Hindernis für die direkte, jederzeit mögliche Hinwendung zum Allerhöchsten.

Sollte der eine oder andere in dieser Hinsicht skeptisch sein, so mag er die Augen und Ohren so lange verschlossen halten, bis die Zeit für ihn reif geworden ist und ihm eines Tages eine solche Erfahrung selbst zufällt. Möge er dann die Uhr seiner Entwicklung nach der Stunde dieses Erlebens nachstellen können! Denn was wäre die gegenwärtige Stunde ohne die tiefe Freude des Erwachens und des vielversprechenden Morgens?

In derselben Kosmogonie steht auch, dass die Menschheit im Rahmen der hundert Gruppen energetischer Wellenlängen bisher deren 64 entdeckt hat. Der Zahl 64 kommt hier eine besondere Bedeutung zu; sie erscheint immer wieder, so auch in den 64 verschiedenen Mantras, den 64 genetischen Codons, wie den 64 mathematischen Gittern und vieler anderer 64, sowie in den 64 Hexagrammen des I Ging, des Buches der Wandlungen der chinesischen Weisheit. So wollen wir auch dessen Voraussage verstehen, nach der wir einen grossen Schritt vorwärts getan haben, wenn wir einmal die 64 Wesenheiten unseres persönlichen Lebens erkannt haben.

Die Welt der Märchen

Es ist eine Gewissensfrage, ob in diesem Kapitel über subtile oder wenig bekannte Energien ein Exkurs in die Welt der Märchen und der Elementale erlaubt sei. Doch wollen wir mit diesem Buch auch dem Wunsch jener Forscher nachkommen, die die Existenz solcher bisher kaum näher untersuchter Wahrnehmungen ebenfalls entdeckt haben und sich damit beschäftigen. Es sind Professoren von Weltruf, die versprochen haben, mit dem Tage ihrer Pensionierung aus dem Schatten ihrer Anonymität zu treten; bis dahin ziehen sie es vor, sich nicht dem herablassenden Lächeln ihrer Kollegen auszusetzen und vor allem die Herren ihrer Subventionen nicht zu verstimmen.

Die Grenze der Begegnung zwischen dem menschlichen Wesen und dem Elementalen ist zum Teil noch unbestimmt. Die erste persönliche Erfahrung war für uns der Besuch bei einer gelähmten Person, die von ihrem Rollstuhl aus sich der für uns unsichtbaren Elementale als Haushilfe – wie sie nur in den Märchen anzutreffen ist – zu bedienen wusste! Jene geistig hochstehende, gelehrte Persönlichkeit hat uns zum Tor einer erstaunlichen, aber nicht unmöglichen Fähigkeit geführt. Von unserer Bestürzung erholt, durften wir erkennen, dass es sich um einen ersten Einsatz einer noch unerklärbaren Wirklichkeit handelte.

In ihrer noch für uns unklaren Welt sollen viele dieser Elementale oder «zur Form gewordenen Energien» wohl überragende

Intelligenz, jedoch so gut wie keinen eigenen Willen besitzen, so dass sie den Befehlen eines kundigen Menschen folgen müssen. Im Arabischen nennt man sie «Djinn»; für die Söhne und Schüler der Marabus (der religiösen Gelehrten) haben sie nichts Geheimnisvolles an sich; die genaue Bedeutung des arabischen Wortes ist allerdings nicht übersetzbar.

Die Elementale existieren nach eigenen Gesetzen, unter ganz anderen Bedingungen als die menschliche Gesellschaft. Manchmal sind sie sanftmütig und gefügig, manchmal übelwollend und bösartig, ihre unmittelbaren Reaktionen sind nicht vorhersehbar. Diese Wesenheiten leben wohl in unserer persönlichen Umwelt, es liegt indessen an uns, sich ihnen mit einem ersten Schritt zu nähern – sonst tummeln sie sich um uns ohne jede Anteilnahme, ohne dass wir uns dessen bewusst sind.

Auch wenn diese jenseits des Physischen liegende Vorstellung nicht voll und ganz erklärt werden kann, ist die voreilige Ablehnung ihrer Wahrscheinlichkeit doch nicht gerechtfertigt.

Nur das persönliche Experiment erlaubt uns glaubwürdige Erfahrungen.

Ist die Märchenwelt etwas rein Subjektives?

Verfolgen wir diesen Dialog:

A: Du kannst mit Deiner glücklichen transzendenten Begabung Erfahrungen aus einer uns unerreichbaren Welt gewinnen. Bitte erzähle uns doch davon!

B: Mit unseren unzureichenden Worten ist das zu schwierig, ich sollte da wohl besser schweigen.

A: Warum willst Du uns nichts davon mitteilen? Da hat sich Dir eine ausserphysische Welt geöffnet und wir möchten gerade von Dir mehr darüber erfahren, weil Du vorher ein ausgesprochener Skeptiker warst und an diese neuen Erkenntnisse mit wissenschaftlichem Ernst herantrittst!

B: Alle diese Phänomene sind für uns verwirrend, solange wir unversehens wie durch eine kleine Pforte zu unerwarteten Erkenntnissen vordringen, aber gleichzeitig bei unseren bisherigen Vorstellungen der Dinge verharren wollen. Es ist das unaufhörliche Problem der Widersprüche.

A: Wie brave Kinder bitten wir Dich dennoch, uns von diesem seltsamen Geschehen zu berichten, das Du ja selbst erlebt hast!

B: In den Adern der Märchenerzähler hat wohl oft die Essenz der Märchen und Legenden fliessen müssen, manche der erzählten Geschichten haben sie sicher selbst erlebt. Ihre nur erfühlten Wahrnehmungen unsichtbarer Wesen konnten wohl manchmal nicht nur in ihrer Phantasie sichtbare Gestalt annehmen. Diese seltsamen Zwischenwesen haben die Fähigkeit, aus ihrem unsichtbaren Zustand für Hellsichtige in einer mehr oder weniger materialisierten Form zu erscheinen.

A: Wenn wir das auch nicht selbst erleben können, so werden wir Dir doch unbedingt Glauben schenken. Sicherlich lohnt es sich für uns, Dir zuzuhören und wir versprechen schon im voraus, nichts davon lächerlich zu finden.

B: Wir dürfen den Charakter der Dinge nicht durch unsere Ungeschicklichkeit vergewaltigen; vielmehr sollten wir versuchen, diese für uns heute noch verschleierten Vorgänge nach und nach zu verstehen. Dabei dürfen wir aber keinesfalls Kräfte wecken, die sich später von uns vielleicht nicht mehr meistern lassen – also ist da äusserste Vorsicht geboten!

A: Unser Wunsch nach Beweisen ist nicht reine Neugierde, wir möchten eine Grundlage für dieses neue Wissen finden.

B: Nimmt man an, dass der Mensch als Mikrokosmos dem Makrokosmos des Universums gleicht, so versteht man, dass übersensitive, hellsichtige Menschen die Manifestationen der astralen Kräfte – die vorerst übernatürlich zu sein scheinen – wahrnehmen können. Diese Phänomene sollen mit verschiedener Intensität unsere physischen und ätherischen Organe (Chakras) beeindrucken, um dem menschlichen «Naos», dem Bewusstsein zugeführt zu werden. Wenn dieses verlorengegangene Wissen so alt ist wie die Menschheit, so kommen unsere heutigen Forscher doch langsam und nicht ohne Staunen zur Erkenntnis, dass die Alten gar nicht so unrecht hatten!

Ohne Zweifel sind Tiere sensitiver als die Menschen, und sie spüren auch besser die Gegenwart von Wesenheiten aus dem Unsichtbaren. Im besondern werden Hund und Pferd manchmal grosse Furcht zeigen, während der Mensch weder etwas sieht noch fühlt. Die Katze hingegen wird bei der gleichen Begegnung wohlig schnurren. Es ist hervorzuheben, dass auch in der Geobiologie zahlreiche Beobachtungen bestätigen, dass sich Katzen mit Vorliebe auf Netzkreuzungen H aufhalten; neben andern Kreuzungen sind diese jedoch für Mensch, Hund und Pferd besonders geopathogene Stellen.

A: Jedes Wesen ist Träger verschiedener noch wenig bekannter Kräfte, die auf der Erde und im Kosmos eine nicht zu verachtende Rolle spielen. In den esoterischen Schriften werden häufig «elektrisch» und «magnetisch» genannt (etwa «ausstrahlend» und «anziehend»), diese Bezeichnungen dürfen hier aber nicht als physikalische Grössen missverstanden werden. Eine der praktischen Anwendungen dieser Kräfte ist das Auflegen der Hände, wobei «magnetische» Kräfte im guten wie im bösen übertragen werden können. Wie kann man sich dieses Kräftespiels bewusst werden, das in uns schlummert?

B: Das innerste Ich – oder wenn man will – das Unterbewusstsein, in das sich die unbewusste Tätigkeit unseres Seelenlebens einprägt, koordiniert den Einfluss der natürlichen Kräfte. Der Mensch, der ja gleichzeitig der physischen und der spirituellen Ebene angehört, ist fähig, bestimmte Signale aus einer anderen Dimension aufzunehmen, die ihrerseits die Folge natürlicher Gesetze sind.

A: Wenn man in Gedanken die Verbindung mit einer Präsenz (etwas Anwesendem) hergestellt hat – sei diese diesseitig oder nicht – geht da nicht im Augenblick ihres Auftretens eine Veränderung in unserem Selbst vor sich? Man ist dann nicht mehr ganz sich selbst, es ergibt sich eine Art von Umverteilung und von gegenseitigem Austausch der Energien?

B: Ja, das beweist auch das Georhythmogramm nach Dr. Hartmann; werden die Veränderungen des elektrischen Widerstandes zwischen den beiden Händen eines Menschen in Abhängigkeit von der Zeit gemessen und aufgezeichnet, ergibt sich dieses Bild:

Befindet sich eine Versuchsperson – auch im Blindversuch mit verbundenen Augen und Ohren – allein in einem Raum, so steigt der Hautwiderstand plötzlich steil an, sobald eine zweite Person den Raum betritt.

Durch das Beisammensein von drei oder mehr Personen wird der Einzelne noch mehr veranlasst, sich «aufzuteilen».

A: Bestimmte Personen – besonders Kinder – haben die Gewohnheit, manchmal auf natürliche Weise ein Gespräch mit einer von ihnen erfühlten «Präsenz» zu führen. Dabei bemerken sie oft nicht, dass sie mit lauter Stimme ein Zwiegespräch mit etwas Unsichtbarem halten. Von einer unwissenden konservativen Umgebung kann dies leicht missverstanden werden: Bei unserem Anspruch, immer ausgeglichen und selbstbeherrscht zu sein, wird man sie bald für geistig nicht ganz normal halten.

Annäherung an die Elementale

A: Bitte sage mir auch, was Du von den anderen Stufen dieser Hierarchie weisst. Du stellst den Menschen zwischen diese beiden unsichtbaren Welten, von denen die eine um eine Stufe über ihm, die andere unter ihm steht. Zwischen Sichtbarem und Unsichtbarem soll es aber doch diese seltsamen Zwischenwesen geben, die man *Elementale* nennt. Existieren sie denn wirklich?

B: Diese Fragen von einer gewissen Tragweite und extremer Einfachheit sind in das grosse Rad der natürlichen Gesetze einzugliedern. Bevor wir uns mit der Welt der Elementale beschäftigen, möchte ich Dich gerne an das höherstehende, besser bekannte Gebiet erinnern, an die Möglichkeit einer Verbindung des Menschen zu den Lichtwesen. Einige von uns nennen sie rein geistige Meister, spirituelle Führer, Engel oder Boten, die in sich Reinheit, Erleuchtung und Machtfülle vereinen.

Von den Medianen habe ich schon vorhin gesprochen. Im Sinne der Kosmogonie sind sie unsterbliche Wesen, die unter bestimmten Umständen mit den Menschen in Verbindung treten, sich aber nur in Ausnahmefällen sichtbar zu erkennen geben. Sie verfügen über den Zugriff zu einem universellen Gedächtnis, einem Zeugnis von allem, was seit dem Entstehen unserer Erde geschehen ist. Ein System, das unendlich viel schneller und auf vollkommenere Weise arbeitet als die elektronischen Gehirne unserer modernen Computer.

Unter bestimmten Bedingungen kann von vier Medianen nur einer sichtbar werden, aber selbst in ihrer unsichtbaren Form können sie auf die Materie und die Psyche einwirken, sei es als Botschafter oder Beschützer. Daraus wächst ein harmonisches System von Energie-Übertragung und bewusster Verbindungen gegenseitiger Abhängigkeit. Der Dialog kann eine Art Gebet spirituellen Inhaltes sein, gebunden an den lebendigen Gott. Dieses Instrument über uns ist ganz und gar nicht schwer; im Gegenteil, gut abgestimmt kann es singen und oft fehlt es auch nicht an Humor!

A: Somit lebt der Mensch auf seinem Planeten zwischen jenen energetischen oder ätherischen Formen und der anderen Welt der Elementale eingeklemmt, über die der Durchschnittsmensch keine bewusste Kontrolle ausüben kann. Haben da die Märchen mit ihren Zwergen, Nymphen, Elfen und anderen Genien ihre Wurzeln? Ist in diesen Erzählungen und Legenden nicht ein tieferer Sinn versteckt?

B: Ich habe von der Erde, der Natur mehr gelernt als von den Menschen; was der Mensch denkt ist oft nur für ihn allein die Wahrheit. Übrigens findet man in diesem sub-humanen Bereich die Bezeichnung des «Gnoms», angelehnt an das griechische «gnosis», das Erkenntnis bedeutet. Diese Zwischenwelt lebt in der freien Natur, in der sie mehr oder weniger bevorzugte Orte kennt. Lassen wir uns führen und belehren: Wo es möglich ist, diese Kräfte der Natur in absoluter Stille aufmerksam zu beobachten, werden sie allmählich erkennbar. Die aufgefangenen Vibrationen nehmen langsam Form an – so wie die Schöpfung durch die vibratorischen Kräfte des Wortes begann. Mit etwas Glück und einem offenen Geist wird auch uns das Licht der Entdeckung aufgehen und erfreuen.

Für die Alten waren die Wälder Gottheiten gewidmet, sie waren die mystischen Wohnstätten der Genien des Ortes. Das Unterholz bleibt ein Lebenszentrum für die Elementale, mit seinem hohen Gras wird es zur unerschöpflichen Quelle einer Erkenntnis, vor der unser mageres naturwissenschaftliches Wissen allzu schulmässig erscheint. In zahlreichen Gebieten Asiens gelten die Bäume oder der Wald als Wohnstätte der lokalen Genien – wie bei uns. Die Elementale sind nicht mit dem Himmel, sondern mit der Erde verbunden.

Der Wald öffnet aber seine Bibel nur für jene, die sie lesen können.

Die Seen werden als unterirdische Paläste verehrt, aus denen die Feen, Nymphen und Nixen hervortreten. Der See ist für diese Elementale der Spiegel, in dem sie die Umgebung, Menschen, Tiere und Pflanzen beobachten können.

A: Was sind denn diese, den meisten Menschen unbekannten «Energien»? Sag uns, auf welche Weise die Elementale sich manifestieren und was Du von ihnen weisst. Müssen wir all unsere bisherigen Kenntnisse beiseite legen und unsere Wahrnehmungsfähigkeit schärfen, um in solche unbekannte Gebiete eindringen zu können?

B: Es existieren grosse Impuls-Energien von denen mehrere an die heilende Eigenschaft der... Liebe gebunden sind. Die Natur offenbart ihre Geheimnisse nur den Wesen, die diese Übernatur respektieren, die sich davor hüten, damit Missbrauch zu treiben. Unter den Elementalwesen findet sich die ganze Palette der verschiedenen Charaktere, die sie von den Menschen angenommen haben (!), deren Handlungen sie mit viel Ungeschicklichkeit nachahmen. Unter ihnen gibt es aber auch boshafte Spassvögel, denen man besser ausweichen sollte.

Es scheint festzustehen, dass diese Elementale keinen eigenen Willen haben. So können sie den Weisungen eines Menschen unterworfen werden. Falls die vom Menschen beherrschten Elementale nicht gutartig sind, wird er darunter leiden. Es gibt indessen auch solche, die wahre Hilfen und gute Diener sind. Damit die freundlichen und intelligenten Beziehungen, die oft mysteriös erscheinen, jedoch ganz natürlich sind, von Dauer bleiben, soll man nie vergessen, sich bei ihnen für ihre Dienste zu bedanken!

Es ist immer gewagt, sich in eine unbekannte Welt zu begeben, doch ist es nicht nötig, sofort alles begreifen zu wollen. Es ist unerlässlich unter den Elementalen, die zu Dienern werden sollen oder die noch zu entdecken sind, eine Auswahl zu treffen. Eine Zersplitterung führt immer zum Verlust von Kräften.

Statt sich in einem Nebelmeer von Verwirrung zu ängstigen, ist es besser, einfach damit zu beginnen, sich an einen kräftigen Baumstamm zu lehnen – zum Beispiel an eine gesunde Eiche – und die feinstofflichen Kräfte zu fühlen, die sie uns schenkt. Sich entspannen! Der See widerspiegelt den Himmel auch nur, wenn er still ist.

A: Welche Gruppen oder Arten von Elementalen sind es, die in den Märchen vorkommen? Entsprechen die Symbole, die ihnen zugeschrieben werden, Deinen Beobachtungen?

B: Du hast Recht, von Gruppen zu sprechen. Wenn ich darüber nachdenke, sind es tatsächlich fast immer mehrere in Gemeinschaft. Anfangs sind sie scheu; ich werde Dir von einer persönlichen Erfahrung erzählen, von einer Begegnung mit Nymphen.

A: Ich bin neugierig, von Deinem Erlebnis Genaueres zu erfahren. In den nordländischen Legenden gehören sie zu den Wasser-Nymphen, ihnen soll eine gewisse Empfindungsfähigkeit, Hellhörigkeit eigen sein. Schelmisch, kokett und manchmal grausam sollen sie daran Gefallen finden, den Mann in die Tiefe des Gewässers zu locken, der dann erschöpft in ihren Armen stirbt: Zauberspiel des Wassers und der Liebe. Auch ich möchte gerne einmal diesen Nymphen begegnen, wie ist Dir das gelungen?

Ein erlebtes Märchen

B: Sicher gibt es da unvorhergesehene Begegnungen, doch ist es besser, die Annäherung wohlüberlegt zu planen. Schon früher hatte ich das Glück gehabt, ohne so recht daran zu glauben, in einer Waldlichtung zufällig Vibrationen wahrzunehmen, die sich mehr und mehr verdichteten. Nach einer Stunde stillen Wartens im hohen Farnkraut durfte ich die ersten Elementale entdecken. Ihr Umriss hob sich aus einem feinen Dunst heraus ab und zeigte sich mir klar. Der allgemeine Eindruck dabei war, dass mich ein übergrosses Auge beobachtete und Fragen stellen wollte. Aber ich zweifelte noch an mir selbst und glaubte, dass alles vielleicht nur Einbildung sei und meiner Phantasie zuzuschreiben wäre.

Seitdem sind viele Jahre vergangen; die Wahrnehmungen dieser vibratorischen Energien rund um Wesen und Dinge wurden präziser, bis sie mir als wesentlicher Teil der Naturgesetze erschienen. Es geht nur darum, das Wissen mit dem Erfühlbaren zu verbinden.

Um der Welt der Nymphen näher zu kommen, begann ich ihren Aufenthaltsort mittels Tele-Radiästhesie auf einer Landkarte zu suchen. Der Hinweis zeigte auf eine sumpfige, unbewohnte, etwa zwanzig Meter vom Wasser entfernt liegende Zone am oberen Genfer See.

Um sicher zu gehen, dass meine Beobachtungen so objektiv als nur möglich sein würden, wollte ich im Falle eines Gelingens nicht einziger Zeuge sein. So hatte ich einen etwas medial veranlagten Freund gebeten, mich an einem Herbst-Spätnachmittag zu begleiten.

Wir liessen unseren Wagen an einem entfernten Platz stehen und gingen den kleinen Waldweg zu unserem Ziel leise und ohne ein Wort zu sprechen. Am angepeilten Ort setzten wir uns einige Meter voneinander entfernt auf die abgefallenen Blätter. Wir bewegten uns nicht mehr, husteten nicht, niesten nicht – und so blieben wir während mehr als zwei Stunden völlig unbeweglich und wurden Eins mit den Bäumen und dem hohen Gras. So lange unbeweglich zu bleiben bedeutete, dem Gelingen des Versuches zu vertrauen.

Wir wurden belohnt, denn plötzlich wirbelte ein warmer Hauch um uns; ungefähr zehn Meter vor uns konnte man zwischen den Bäumen ein bleiches Licht erkennen, wie in einem weissen Dunst aufleuchtend. Zur gleichen Zeit gaben die Vögel lärmend ihren gewohnten Warnruf weiter. Wir liessen diese Erscheinung nicht aus den Augen; sie gewann an Ausdruck und Intensität und nahm die Form eines meergrünen grossen Eies an. Wiederum kam dieser lähmende Eindruck, dass uns ein sehr grosses Auge intensiv beobachtete.

So sassen wir vor diesem seltsamen Spiel, dieser einzigartigen Lebensform, uns gegenseitig erforschend und prüfend. Mein Freund zwinkerte mir zu, dass etwas vor sich gehe; dies bestätigte, dass ich keiner Halluzination verfallen war.

Nun versuchten wir durch mentale Verbindung ein Vertrauensklima zu schaffen, indem wir höher vibrierende Gedanken formten, eine Art mitfühlender Ausstrahlung, die ihnen Sicherheit geben sollte. Der Spezialist würde sagen, die Alpha-Methode anwenden. Das noch bis dahin verschleierte Bild erhellte sich langsam und löste sich wie ein Nebel auf. Wie auf einer Theaterbühne erschien ein Gefolge von schlanken, weiblichen Formen in einem geheimnisvollen blaugrünen Licht. Sehr langsam kommen sie zu uns, eine an die andere geschmiegt, ganz vorsichtig vorwärts gleitend, offensichtlich mit einer grossen Furcht, aber doch durch eine Art Neugierde angezogen. Wie kleine ängstliche, scheue Tierchen scheinen sie uns genau zu beobachten, nähern sich und weichen wieder zurück, doch jedesmal kommen sie etwas näher heran.

In der Gegenwart dieser hohen, schlanken Formen von einer ausgesuchten Feinheit nimmt ihr noch leicht verschleiertes, sanftes Gesicht die gleiche Strahlung an wie das vorher aufgetauchte Späher-Auge. Plötzlich fühle ich auf meinem Gesicht etwas Helles, etwas das auch mit dem frischen Morgentau zu vergleichen wäre und das sich auf der Haut festsetzt.

Ich war wiedermal daran mich zu fragen, ob ich nicht wachend träume, als mein Begleiter mit einem Zeichen seiner Augenlider mir von neuem bestätigt, dass auch er die unglaubliche Szene vor uns verfolgt.

Würden mit noch mehr Geduld unsererseits diese feinleuchtenden Schwestern sich uns noch mehr nähern? Sie scheinen dem Flüstern der Blätter zuzuhören.

Alles an ihnen ist filigran in zarter, blaugrüner Färbung; es erinnert mich an eine skandinavische Legende, die Wasser-Nymphen mit ihrem meergrünen Haar beschreibt, das sie über dem Wasser kokett kämmen.

Unverzeihlich ist es, dass eine von mir ungewollte Handbewegung diesem einzigartigen Schauspiel auf brutale Weise ein Ende setzte. Ein Insekt hatte mich schmerzhaft gestochen – wegen meiner ungeschickten Schutzbewegung löste sich dieses wunderbare Bild schlagartig auf. Alle

Vorbereitungen waren mit so viel Geduld und Mühe wie ein unvergleichliches Spinnennetz gewoben worden. Warum musste – wie durch einen unvorsichtigen Schnitt mit einer Schere in einen seiner Fäden – das Ganze zusammenfallen und das wunderbare Lied zum Schweigen bringen?

Die Nacht fiel über unsere Enttäuschung, alles war weg wie unter einem wilden Gewitterregen, der Erde und Himmel verwaschen hat. Von den Bäumen tropften einige Harztränen, die Gräser und wir waren von der Feuchtigkeit durchdrungen.

Wir kehrten wieder in die Wirklichkeit zurück, wo sich schliesslich nichts verändert hatte. Oder doch! – Die Vögel fingen plötzlich wieder an aus voller Kehle zu singen; während der ganzen Zeit der Erscheinung waren sie verstummt und versteckt gewesen, so als ob eine Katze in der nächsten Umgebung herumgeschlichen wäre. In uns war Jubel, der einen Schluchzer zurückhielt!

Auf der Heimfahrt besprachen wir das Erlebte, verglichen unsere Beobachtungen und stellten fest, dass sie identisch waren. Wir durften daraus schliessen, dass die Welt der Elementale wirklich existieren dürfte und dass vielleicht eines Tages eine glückliche Forschung diese Tatsachen besser ans Licht bringen wird.

Als ich mich meinem mehr als fünfzigjährigen Begleiter zuwandte, musste ich mich überrascht fragen, was mit ihm wohl geschehen sei, verwundert bemerkte ich, dass er jetzt so jung wie ein zwölfjähriger Knabe aussah. Ich schwieg aber darüber. Am darauffolgenden Morgen gestand er am Ende unseres Telephon-Gesprächs: «Wissen Sie – ich habe gestern abend nicht gewagt es Ihnen zu sagen – Sie schienen mir nach dieser seltsamen Begegnung so jung wie mit 15 oder 20 Jahren zu sein!»

Das musste ich natürlich vor dem Spiegel untersuchen. Ich war sprachlos – in meinem Gesicht waren tatsächlich keine Falten mehr zu finden – und dieser Zustand hielt drei Tage lang an. Ich fühlte mich wie ein ungereifter Apfel der zu früh vom Baume gefallen wäre. Jene zarten, lieben Nymphen haben uns die seltsamste und aussergewöhnlichste Verjüngungskur geschenkt, aber leider nur für kurze Zeit. Wir waren weit in eine zeitlose Welt ohne Alter eingedrungen.

Ist dies nicht ein wahres Märchen?

Ohne sich selbst täuschen zu wollen, wäre denn derjenige glücklicher, der ungläubig und gefühlskalt beschliesst, niemals solche Eindrücke zu erleben?

A: Was sagt man über die anderen Elementale, die in den Bilderbüchern unserer Kindheit ihr Wesen treiben?

B: Die Genien werden als Archetypen einer kollektiven Gruppe von Gleichgesinnten angesehen, einer Armee, einer Berufsgemeinschaft. Es soll die guten Elementale geben und die perversen Genien, sowie die gezähmten, willenlosen, treuen Diener. Es sind dies mehr erdgebundene Kräfte, die langsamer und schwerfälliger sind, aber mit den dunklen Mächten der Tiefe nicht verwechselt werden sollen. Im Überschwang des Gefühls lässt sich das Falsche vom Echten oft schwer unterscheiden. Wir dürfen den klaren Blick nicht verlieren, nicht alles ist echt. Erinnern wir doch an jene bekannten Feen-Fotos, die von Sir A. Conan Doyle beglaubigt während eines halben Jahrhunderts als angeblich echte Beweise im Umlauf waren. Wie viele unserer Mitbürger haben diese Fotos gutgläubig bestaunt! Erst vor kurzem gab es das Geständnis von der Interessierten selbst, dass sie seit 75 Jahren die Öffentlichkeit an der Nase herumgeführt hätte!

Unseren Wasser-Nymphen jedoch sei Dank dafür, seit damals auf mein hartgeschnittenes Alltagsgesicht ein zartes Lichtlächeln aufgesetzt zu haben!

6. DIE RESERVEN VERKANNTER ENERGIEN

a) *Zwei gewaltige Energien*

Immer wird ein Fragment des Unerklärbaren bleiben und lautlos im Raum stehen.

Sich der übersinnlichen Realität nähern zu wollen ist ebenfalls eine Versuchung. Eine bessere Anerkennung der Tatsachen könnte eine Hypothese erlauben, die den Wahrheitssucher zu weiteren Forschungen anregen würde. Manchmal fällt einem der Schleier von selbst von den Augen; aber der vor dem Unbekannten beunruhigte Forscher wird wohl entweder den Weg des geringsten Widerstandes wählen oder sich auf die Seite der professionellen Gegner stellen, die es sich schuldig sind, alles zu verwerfen, was nicht in ihren Wortschatz passt.

Jeder ist frei, auch unter einer bleiernen Decke zu atmen. Es ist nur zu wünschen, dass die von der lebendigen Wissenschaft kommenden Informationen nicht nur einer Elite vorbehalten bleiben. Jedermann ist fähig, den Geschmack des Salzes zu erkennen und zu würdigen.

Das grosse Reservoir Weltall, das unerschöpflich erscheint und die subtilsten Energien enthält, wird uns eine spannende Zukunft eröffnen. Erinnern wir uns an den Anfang dieses Kapitels, in dem das Kommen des Tachyonen-Zeitalters kurz erwähnt ist. Parallel zu dem, was die zukünftige Technik mit ihrer Informatik verwirklichen wird, wird kurzfristig eine neue Generation von Denkern zweifellos dieser Forschung vorgreifen. In der universellen Substanz, aus der alles hervorgeht, webt ein vibratorisches Verstehen von hoher Qualität.

In der Menschheit gibt es einige wenige auserwählte menschliche Antennen, die ein Drängen seitens der geistigen Vermittler – oder der Mediane – auffangen. Wo Übereinstimmung besteht, könnte sich die Schwingung oder die Vibration der Liebe entfalten.

Jener Liebe, die die ganze Welt erwartet!

Und dieses ist die zweite, die mächtigste der Energien.

Diese beiden grossen unerschöpflichen Reserven motivieren die uneigennützige Forschung. Die Welt dürstet nach erfrischendem Morgenlicht und versucht ein neues Klima des menschlichen Zusammenlebens zu erreichen. Zugegeben, gegenwärtig befinden wir uns noch in den Geburtswehen. Die geistige Entwicklung des

Menschen wird darin bestehen, sich den neuen Erkenntnissen anzupassen und nicht in stolzen Vorurteilen eingesperrt zu bleiben.

b) *Was sagt die Blume...*

Auf unserer Erde, die Leben schenkt und zurücknimmt, sorgt sich der Mensch gerne darum, wie er sich regenerieren und in Harmonie mit seinem kleinen persönlichen Mikroklima leben kann.

Wie kann er sich in dieser feinstofflichen Welt entwickeln und diesen kosmo-tellurischen Kraftstrom auswerten, der den Ertragsstatistiken glücklicherweise noch entgeht. Wird es eines Tages Glück oder Unglück bedeuten, wenn die Ökonomen auch hier eine energetische Rentabilität entdeckt haben werden? Die Forscher und die Forschung dürfen nicht bei den roten Zahlen stehen bleiben, sondern sie werden eine ausgeglichene Bilanz zwischen dem Subjektiven und dem Objektiven zu erstellen haben. Über solche Zukunftsaussichten kann man nur erfreut sein. Es ist ein interessantes aber auch gewagtes Abenteuer auf faszinierenden Wegen.

Aber Vorsicht! Genau so wie eine tiefgehende wahre Liebe immer bedroht ist, werden in diesem Zustand neuer Sensibilität die harten Schläge ebenfalls auf heftigere Weise empfunden werden. Sich einerseits neuen Erkenntnissen und feinerem Empfinden öffnen und sich andererseits gleichzeitig schützen müssen – eine ganze Strategie!

Sind wir nicht selber dank unserer eigenen Zellen wahrhaftige natürliche Energiezentralen? Jede Zelle ist ja ein Mini-Radio-Empfänger mit der eigenen Wellenlänge von rund 22 Zentimeter. Um die Sendung auffangen zu können, benötigt die Zelle elektrische Energie von 70 Millivolt. Die gesunde Zelle empfängt diese fundamentale Energie in der Form einer Ausstrahlung oder einer Welle durch die Natur und die Erde.

Was sagt die Blume, wenn sie mit unserem Biometer befragt wird? Die rote Farbe einer schönen Tulpe weist 6500 Bovis-Einheiten auf. Beobachten wir sie: sobald ein Sonnenstrahl ihre

Blütenblätter leuchtend transparent erscheinen lässt, steigt die Vitalität derselben Tulpe bis zu 7200 Bovis-Einheiten. Zum normalen Licht zurückgekehrt, nimmt sie ihre ursprüngliche Vibration wieder an. Somit erhöht die Zufuhr von Licht die Vitalität jeden Lebens. Die wechselnden Abstufungen zwischen Schatten und Licht haben ebenfalls einen Einfluss auf unser psychisches Verhalten.

Auf dem Höhepunkt ihres Lebens verströmt die Blume ihren kostbaren Duft. Ist die indische Legende nicht schön, die sagt, dass uns die Blume in jenem Augenblick der Entfaltung ihre Seele schenkt? Wer wagt zu behaupten, dass dies nur oberflächliche Beobachtungen seien und freie Phantasie wäre.

Beobachten wir z. B. das Altern einer Narzissenart, der Jonquille, deren sechs Blütenblätter weiss sind und das Innere des Blütenkelchs orange. Die verwelkten weissen Blätter besitzen nur noch eine Vibration von 1200 Bovis-Einheiten, was dem Zustand eines fortgeschrittenen Absterbens entspricht – sie hängen aber noch an einem Lebensfaden. Im Gegensatz dazu behält das orangefarbene Zentrum noch sehr lange Zeit die ungeschwächte Energie von 6700 Einheiten, trotz des verwelkten Aussehens der Blume.

Das erinnert an das äussere Bild unseres Alterns: verwelkt und runzlig, mehr und mehr «farblos» wegen des Verlustes an Energie und an Vitalität. Jedoch unser sonniges Zentrum, das Sonnengeflecht, bleibt wie bei der Blume lebenskräftig erhalten; die gefältelte Haut ist ja nur das Äussere, das oft nur beim Andern bemerkt wird.

Der äussere Aspekt verliert immer seine kokette Wichtigkeit, sobald die Betonung der wahren Werte auf den richtigen Platz gestellt wird. Das unversehrte Zentrum wird zu einer feiner entwickelten Bewusstseins-Energie, die sich in der Stille regeneriert.

c) *Die Verschwiegenheit des Südostens*

Das Schweigen und die Stille nach klösterlicher Regel werden Zeremonie; sie ist immer Ansatz zu einem neuen inneren

Elan. Gemäss der Überlieferung herrschte vor der Schöpfung absolute Stille.

Die Stille der Morgendämmerung, wenn das Himmelsgewölbe allmählich erhellt wird, ist reich an Lebenspotential, an dynamischer Aufladung. Der Tagesanbruch mit seinen fortschreitenden Veränderungen ist die Zeit des lauten Geschwätzes und der melodiösen Gesänge der Vögel. Kurz vor dem Sonnenaufgang jedoch schweigt die ganze Vogelwelt. In diesem feierlichen Augenblick scheint die Kraftausstrahlung am dichtesten zu sein.

Wenn wir uns konzentrieren, schweigen wir ja auch.

Wenn das menschliche Wesen während dieser wenigen Minuten des Sonnenaufganges ebenfalls schwiege?

Der Mensch kann von diesem Zufluss vitaler Energie Vorteil ziehen, wenn er an seinem Arbeitsplatz oder bei der nächtlichen Erholung den Kopf gegen Osten richtet. Ihm wird damit mehr Kraft und physischer Widerstand zukommen. Es ist leicht, dies an einem einfachen Energieempfänger zu demonstrieren, den – nicht zu glauben – die alten Ägypter ausgedacht hatten. Stellt man zum Beispiel den Empfänger auf den Meridian «Tu Mo» ein, (auf bestimmte Punkte längs der Wirbelsäule), fühlt sich der geschwächte Mensch wieder aufgeladen und gestärkt. Dies ist sehr willkommen und nützlich, falls sich Yang vom Yin gelöst, also das Energetische sich von der Materie getrennt hat.

Andererseits hatten die alten Chinesen ein Baugesetz, das vorschrieb, die Wohnbauten nach dem Erdmagnetfeld zu orientieren, um mit dem Kopf nach Norden zu schlafen. Heute kann man bestätigen, dass die Blutzellen in Harmonie mit der Bipolarität Nord-Süd einen besseren Energiedurchfluss erlauben, dass die Mikrostruktur des Zytoplasmas beeinflusst wird und dass auf praktischer Ebene sich ein tieferer Schlaf einstellt.

Süd-Osten

Es ist überraschend festzustellen, dass viele Hauptfassaden sakraler Stätten, die wir besucht hatten, in allen Breitengraden gegen Südosten gerichtet sind. Auch haben unzählige Versuche mit einem modernen Gerät, das Mineralien und Kristalle enthält und dessen Aufgabe es ist, eine gestörte Zone zu entschärfen, gezeigt, dass die kosmische Strahlung von Südosten die besten Resultate bringt. Der amerikanische Physiker Kenneth EMERSON hat eine Studie über den Einfluss ausgewählter Steine und Kristalle von speziellem molekularem Gefüge geschrieben, in der er hervorhebt, dass sie mit ihrem besonderen Vibrationsvermögen nicht nur auf die Umwelt, sondern auch auf den empfindlichen, menschlichen Körper einwirken.

Wir haben schon darauf hingewiesen, dass megalithische Monumente, die an geweihten Stätten als Sender dienten, ebenfalls immer die Süd-Ost-Richtung wählten. Ergibt sich da nicht eine glückliche Vermählung zwischen dem Osten mit seiner vitalen Kraft und dem Süden mit dem Feuer und der Sonne – sowohl der ältesten als auch modernsten Energie.

Der *Süd-Osten* hat sicherlich noch vieles zu offenbaren; für den Augenblick zieht er vor zu schweigen.

d) *Lebenstropfen*

Das *Wasser* ist ein fast kostenloses Geschenk der Natur, eine Quelle von Lebensenergie, die nicht nur aus der schönen chemischen Formel H_2O besteht.

Unter all seinen Formen, die wir uns nur vorstellen können, vom klaren Bächlein zu den Flüssen und Seen, dem fallenden Regen der uns unter den Strahlen der Sonne den wunderbaren Regenbogen schenkt, vom stillen Wasser eines Teiches bis zum prosaischen Wasser aus dem Leitungshahn im Hause – dient das Wasser dem Menschen und allem was lebt. Experimente zeigen, dass es Träger aufbauender Kräfte und vitaler Energie ist. Von Seiten der Technik wäre es dringend nötig, die Probleme unserer Trinkwasserversorgung ernster als bisher zu nehmen; sie sind für uns lebenswichtig. Seit langem steht fest, dass nach einer gründlichen chemischen und biologischen Reinigung das Wasser keine Vitalkraft mehr aufweist. So gesehen ist es kein lebendiges Wasser mehr und es ist nicht nötig zu betonen, wie wenig ein solches Element zur Erhaltung der Gesundheit beitragen kann. Die Existenz der zukünftigen Generationen wird hier in Frage gestellt.

Unbekümmert rühmen gewisse Kreise den energetischen Wert eines «magnetisierten» oder durch verschiedene Verfahren «aufgeladenen» Wassers. Der anfangs begeisterte Geniesser sieht sich dann oft bitter betrogen. Die chromatografischen Tests – diese grafischen Registrierungen mit steigenden und fallenden Randlinien, zeigen bei einem magnetisierten Wasser eindeutig aggressive Kurven. Viel zu gutgläubig stürzt man sich blindlings auf das, was man für unbegrenzte Wundermittel oder für Neuheit hält. Doch erlebt oft trotz allem ein Mensch nach einem Leben voller Anstrengungen und erfolgreicher Höchstleistungen seinen letzten Lebensabschnitt ausgetrocknet und entkräftet.

Im Wust von Werbung und Empfehlung wird es notwendig, dass jeder Einzelne selbst kritisch wird – denn wer kann es besser als er selbst beurteilen, welche Energiequellen ihm zum besten gereichen. Ist bei der Überfülle von Theorien und Lehren nicht derjenige zu beneiden, der seinen Frieden, Ruhe und Regeneration in den einfachen Dingen findet. Ein Beispiel: Sich in den herrlich warmen Sand eines Strandes zu legen, der sich so gut an den Körper schmiegt, wird für den Menschen zum Symbol der Geborgenheit und gibt ihm das Gefühl der Rückkehr zum beschützenden Mutterschoss. Das Glitzern des Meeres (aber auch das Glitzern des Schnees) als zusätzlicher Funke kann genügen, in ihm neue Lebenskraft für die Zukunft aufleuchten zu lassen.

Hier ist nicht der Ort auf das Gebiet der Nahrung als weitere Quelle von Lebenskraft einzugehen; auf diesem Gebiet ist die Wahl aus einer Vielzahl von Lehren zu treffen. Wie gross ist oft die Enttäuschung, wenn man die gegebenen Anweisungen unkritisch und wörtlich befolgt! Auch hier heisst es, nicht engstirnig und fanatisch zu handeln. Es existieren in den USA Experimente, den menschlichen Körper durch Photosynthese mit Solarenergie zu ernähren; zeichnet sich da nicht ein ganz verändertes Bild vom Menschen ab?

Das entgegengesetzte Extrem ist die Masslosigkeit im Essen. Was sagt der Weise? Wir können nicht umhin, einen Ausspruch des Guru Vakyana zu zitieren: «Die beste Medizin für die meisten Männer ist die gute reine Luft, die Sonne, eine weibliche Schönheit und ein guter Koch».

In China wird die Milz als Speicher der erdverbundenen Yin-Energie betrachtet – eine unbeständige, launenhafte Energie, die den wechselnden Gemütsstimmungen gleichkommt. Andererseits ist bei einem geistverbundenen, gesunden Menschen die gute Laune nicht ein natürlicher Ausdruck?

Bewundern darf man denjenigen, der den Tumor zu Humor verwandeln kann.

Wie langweilig wären die Tagesnachrichten ohne mal eine humoristische Zeichnung, ohne die Karikatur des scharfen Bleistiftes, die zum Lächeln oder zur Entrüstung anregt? Was wäre das Grau von Paris oder Wien ohne den Dichter oder die Musik, die es fertig bringen, den unpoetischen Alltag zu verschönern? Im Reigen des kosmo-tellurischen Austausches wie auch in den Farben des Lebens die feinstofflichen Energien zu entdecken, die oft in Reichweite sind, bedeutet, die Gegenwart intensiver erleben zu können.

e) *Rational und mystisch zugleich*

In der harmonischen Mitte zwischen dem rationalen und dem mystischen Extrem gibt es eine höhere Haltung – diejenige, die beides vereint.

In jedem Wesen besteht gleichzeitig die materielle Form und das Leben. Wir werden solange nur zerbrechliches Geschöpf bleiben, als wir uns einbilden, uns auf Unveränderliches stützen zu können. Auf dem Weg für morgen schlummert eine dynamische Kraft; sie ist zum Fortschritt gezwungen, kann aber nur durch eine Erleuchtung belebt werden.

Mit Freude ist die Initiative der Gnostiker von Princeton zu begrüssen, in welcher Hunderte amerikanischer Wissenschafter im Jahre 1969 die Erklärung abgaben, dass ohne Zweifel eine überirdische Macht die Fäden unserer Weltbühne in Händen hat. Die Denker dieser Gnosis steuern dazu bei ein System auszuarbeiten, in dem die Struktur des heutigen Wissens als Basis dienen soll, um es zu einer höheren Ethik zu erheben. Dies ist ein ernsthafter Beitrag zur zeitgemässen Weltanschauung – ein geistiges Energiepotential in der Hand des Frühlings.

Der Gelehrte auferlegt sich die Verpflichtung, nicht alles zu sagen. Er weiss, dass das Rationale vereint mit einer ausgewogenen Mystik die Evolution eines klareren Dialogs fördern kann.

Unsere mentalen Energien, die fähig sind, sich den Denkformen göttlicher Natur anzupassen, werden dann praktischen Zielen zugeführt werden können. Alles was vorerst Utopie zu sein schien, wird zum wahren, lebendigen Austausch und schafft so den Neuen Menschen.

Ein Denkanstoss für heute und morgen: der Mensch soll fähig sein, die terrestrische Strahlung zu meistern und die kosmischen Antennen festzuhalten.

Symbole im Alten Siam.

Im Rhythmus der Lebensabschnitte nimmt und gibt das Leben. Das persönliche Gleichgewicht indes muss jeden Morgen wieder neu geschaffen werden... die Seele benötigt etwas frische Brise. Mögen wir lernen und fähig sein, die Gaben dieser subtilen Energien aufzunehmen, aufrecht und bewusster, jeder an seinem gewählten persönlichen Ort der Kraft.

Der wahre Reichtum – liegt er nicht schliesslich in der Gestaltung eines sinnvollen Lebens?

*

* *

DEFINITIONEN UND ERKLÄRUNGEN WENIG BEKANNTER AUSDRÜCKE

In alphabetischer Reihenfolge

A	Adrenalin	Hormon des Nebennierenmarks; Einwirkung auf den Kreislauf und das Herz, den Stoffwechsel und die glatte Muskulatur.
	Ångström, Å	Längeneinheit in der Mikrophysik; 1 Å = 1 Zehntelmillionstel Millimeter.
	Ankh	Henkelkreuz; Lebenssymbol im alten Ägypten; ein Kreuz, dessen über dem Querbalken liegender Teil durch eine Schlaufe ersetzt ist.
	Ätherischer Körper	Strahlendes, nicht physikalisches Energiefeld, das etwas über den physischen Körper hinaus wirksam ist; manchmal auch energetischer Körper genannt.
B	Baghâvad Gîta	Dichtung, Teil eines heiligen Textes aus dem hinduistischen Spiritualismus.
B	Biometer, auch Bovis-Biometer	Vom französischen Physiker Bovis entwickelter Massstab zur radiästhetischen Bestimmung der energetischen, immateriellen Intensität eines Ortes, einer Person oder einer Sache 2 000–4 000 Einheiten auf der Kreuzung des Netzgitters H 6 500 Einheiten = physische Energie des gesunden Menschen 8 000 Einheiten = gehobene physische Energie des Menschen 11 000 Einheiten = Vibration des Kraftortes in der Kathedrale von Chartres 12 000 Einheiten = Vibration in der Gebetsnische von Moscheen 13 500 Einheiten = Vibration auf energetischer oder ätherischer Ebene

		14 000 Einheiten = Vibration an bestimmten Stellen in Hindu- und Buddha-Tempeln
		18 000 Einheiten = Vibration eines ausserordentlich wirksam strahlenden Kraftortes; wirkt auf das Geistige ein.
C	Chakra	Bewusstseinszentren des energetischen oder ätherischen Körpers.
D	Diagonalnetz, auch Curry-Netz	In den Zwischenhimmelsrichtungen NW/SO, bezw. NO/SW verlaufendes, radiästhetisch wahrnehmbares System von Reizstreifen.
	Dolmen	Megalithisches Monument; grosse waagrechte Steinplatte auf andern senkrecht stehenden Steinen liegend.
E	Elektrode	Bauteil zur Zu- oder Ableitung eines elektrischen Stromes oder einer elektrischen Spannung; z. B. zur Messung des menschlichen Hautwiderstandes.
	Elektron	Sehr kleines, nahezu masseloses Elementarteilchen; Atombestandteil; Träger der kleinstmöglichen negativen elektrischen Ladung.
	eV	Elektronen-Volt; jene winzige Energie-Menge, die ein Elektron nach Durchlaufen einer Potentialdifferenz von 1 Volt erreicht hat.
	Elemental	Feinstoffliches, im allgemeinen unsichtbares Zwischenwesen einer unterhalb des menschlichen Bereiches angenommenen Zwischenwelt; jeweils einem der vier Elemente zugeordnet; im Märchen genannt als Erd-, Wasser-, Feuer- oder Luftwesen, z. B. Gnom, Kobold, Nymphe, Nixe, Sylphe usw.; auch als «zur Form gewordene Energie» – für Hellsichtige wahrnehmbar angesehen.

E	Elektromagnetische Wellen	Hochfrequente, miteinander verknüpfte elektrische und magnetische Wechselfelder, die sich mit Lichtgeschwindigkeit im Raum ausbreiten.
	Energetische Strahlung	Siehe ätherischer Körper.
	Epikur	Griechischer Philosoph; 3.Jhdt.v.Chr.
F	Faraday-Käfig	Metallisches Gehäuse zur Abschirmung elektrischer Felder.
	Frequenz	Die Anzahl periodisch wiederkehrender Vorgänge je Zeiteinheit; physikalische Einheit «Hertz», abgekürzt Hz; 1 Hertz bedeutet eine Schwingung je Sekunde; Vielfache davon: 1000 Hz = 1 Kilohertz, kHz 1000 kHz = 1 Megahertz, MHz 1000 MHz = 1 Gigahertz, GHz.
G	Gammastrahlen	Siehe Radioaktive Strahlung.
	Genius loci	Geist eines Ortes.
	Geomantie	Wissenschaft aus dem alten China, die das kosmisch-terrestrische Gleichgewicht in der Wohnstätte untersucht.
	Geopathogene Zone	Örtlich begrenztes radiästhetisch wahrnehmbares Gebiet, das die Gesundheit negativ beeinflusst.
	Georhythmogramm nach Dr. Hartmann	Grafische Darstellung der Änderung des Hautwiderstandes eines Menschen in Abhängigkeit von der Zeit; wird verwendet für die Feststellung der Schädlichkeit eines Ortes oder eines Materials für die Gesundheit.
	Gigahertz	Siehe Frequenz = eine Milliarde Schwingungen pro Sekunde.
	Geobiologie	Wissenschaft über den Einfluss der Erde, des Ortes auf alles was lebt: den Menschen, das Tier, die Pflanze.

G	Gitternetz H, auch Globalnetz	Wahrnehmbare Bodenstrahlung; Reizstreifen die ein Netz um den Erdball bilden; Abstand zwischen den Streifen Nord-Süd 2 Meter, Ost-West 2,50 Meter; örtliche Abweichungen möglich; benannt nach Dr. med. Ernst Hartmann.
H	Hara	Nach japanischer Konzeption Zentrum des Menschen; Konzentration der physischen Kraft im untern Teil des Bauches.
	Hertz	Siehe Frequenz.
I	Interferenz	Überlagerung von Wellensystemen gleicher Wellenlänge; sie kann verstärkend oder abschwächend wirken.
	Ion	Positiv oder negativ elektrisch geladenes Atom oder Atomgruppe, auch Molekül oder Staubteilchen.
K	Kilohertz	Siehe Frequenz.
	Kiloohm	= 1000 Ohm; Elektrischer Widerstand. Siehe Ohmmeter.
	Kirlianphotographie	Photographisches Aufnahmeverfahren unter Verwendung kurzer hochfrequenter Hochspannungs-Impulse als Energiequelle; benannt nach dem russischen Erfinder-Ehepaar Kirlian.
	Kopte	Angehöriger einer alt-christlichen Religion.
	Kundalini	Bei den Hindus: latente kosmische Kraft im Sein; Energiezentrum in der Gegend des Steissbeines; es stellt den Sitz des Feuers der Initiation dar.
M	Mandala	Tibetische bildliche Darstellung zur Unterstützung der Meditation; bevorzugt werden kreisförmig angeordnete symbolische Elemente, die von einem Viereck oder Achteck umgeben sind.

M	Mantra	Heilige Formel oder heiliges Wort; mit Energie, Schwingungen und Tönen beladen, die der subtilen Ebene entsprechen; anrufende Worte, die wiederholt werden.
	Megahertz	Siehe Frequenz / = 1 Million Schwingungen pro Sekunde.
	Menhir	Megalithisches Monument; aufrechtgestellter langer Stein.
	Mikrowellen	Elektromagnetische Wellen im cm- und mm-Bereich.
	mV, Millivolt	Elektrische Spannungseinheit, 1000 mV = 1 Volt.
N	Nâga	Hinduistisches und tibetisches Symbol für unterirdische Kräfte in der Form der Schlange.
	Newton	Berühmter Mathematiker, Physiker, Philosoph, Alchimist (1643-1727); bekannt durch seine Entdeckung des Gravitationsgesetzes.
O	Ohmmeter	Gerät zum Messen des elektrischen Widerstandes: es wird beispielsweise zur Erstellung des Georhythmogrammes benützt.
P	Pentagramm	Magisches Zeichen zur Abwehr böser Kräfte in Gestalt eines fünfstrahligen Sternes, der in einem Zug gezeichnet werden muss.
	Protoplasma	Baustoff der Zelle; Zellinhalt bestehend aus Zytoplasma und Zellkern.
R	Radiästhesie	Subjektive Methode auf dem Gebiet der Parapsychologie; sie erlaubt unter anderm die energetische Intensität eines Ortes festzustellen.
	Radionik	Lehre von der Anwendung physikalischer Geräte zur Erzielung radiästhetischer Wirkungen.
	Radioaktive Strahlung	Bei Zerfall radioaktiver chemischer Elemente entstehende energiereiche Strahlung; zu unterscheiden ist:

Alpha- Strahlung: relativ schwere, positiv geladene Helium-Atomkerne mit geringer Reichweite; fast nur oberflächenwirksam.

Beta-Strahlung: schnelle Elektronenstrahlung mit negativer Ladung; Eindringtiefe meist im Zentimeter- oder Dezimeter-Bereich.

Gamma-Strahlung: Energiereiche elektromagnetische Wellenstrahlung ähnlich der Röntgenstrahlung, aber wesentlich höherer Frequenz mit sehr hoher Durchdringungskraft (bis zu mehreren Metern auch durch Blei); auch in der kosmischen Weltraumstrahlung vorkommend.

S	Schiwa	Hinduistischer Gott; höchste schöpferische aber auch zerstörerische Kraft; Symbol der Zeit ohne Anfang und Ende.
	Stûpa	Begräbnis- oder religiöses Monument in buddhistischen Gebieten.
T	Tellurisch auch terrestrisch	Auf die Erde bezogen; häufig hinsichtlich dem Einfluss des Bodens auf Menschen oder Tiere im Zusammenhang mit einem bestimmten Platz benützt.
Y	Yin und Yang	Aus dem Chinesischen; Ausdruck zweier gegensätzlicher Eigenschaften, ihrer gegenseitigen Ergänzung und ihres harmonischen Ausgleichs; z. B. weiblich – männlich Erde – Himmel empfangend – ausstrahlend magnetisch – elektrisch dunkel – hell negativ – positiv (nicht als Bewertung).
Z	Zytoplasma	Siehe Protoplasma.

BIBLIOGRAPHIE

		Ausgabe:
Broschüre **1)	TERRESTRISCHE STRAHLEN UND IHR EINFLUSS AUF ALLES WAS LEBT	Institut de recherches en géobiologie CH-1803 Chardonne Schweiz
Broschüre **2)	WETTER, BODEN, MENSCH Nr. 13/1983	D-6930 Eberbach/N
**3)	LA COSMOGONIE D'URANTIA	Vergriffen
Dr. med. Ernst Hartmann	KRANKHEIT ALS STANDORTPROBLEM	Haug-Verlag Heidelberg
Ing. R. Endrös Prof. K.E. Lotz	DIE STRAHLUNG DER ERDE UND IHRE WIRKUNG AUF DAS LEBEN	Paffrath-Verlag
Prof. Ing. Herbert König	UNSICHTBARE UMWELT	Heinz Moos-Verlag München
Maurice Krafft	LA TERRE, UNE PLANÈTE VIVANTE	Hachette, Paris
Tom Graves	NEEDLES OF STONE	Turnstone Press London W 14
F. Frachebois	LES MENHIRS D'ACQ Autor der Grafiken in diesem Werk	F. Frachebois Architekt F-25000 Besançon

ORTE DER KRAFT

Louis Charpentier	DIE GEHEIMNISSE DER KATHEDRALE VON CHARTRES	Gaia Verlag, Köln
Henri Vincenot	LES ÉTOILES DE COMPOSTELLE Roman	Denoël, Paris
R.A. Schwaller de Lubicz	LE TEMPLE DE L'HOMME	Dervy-Livres Paris
Rich. Wilhelm	I GING Das Buch der Wandlungen	Eugen Diederichs Verlag
Raymond Ruyer	JENSEITS DER ERKENNTNIS Die Gnostiker von Princeton	Zsolnay Verlag Hamburg-Wien
J.B. Batemann	MICROWAVE MAGIC	Office of Naval Research, London ONRL C 14-77
Theod. Schwenk	DAS SENSIBLE CHAOS	Freies Geistesleben, Stuttgart
Käthe Bachler	ERFAHRUNG EINER RUTENGÄNGERIN	Veritas-Verlag, Linz
Henry Moray	1) RADIANT ENERGY 2) THE SEA OF ENERGY IN WHICH THE EARTH FLOATS	Cosray Research Institute Salt Lake City
D. Milner E. Smart	EXPERIMENT/SCHÖPFUNG THE LOOM OF CREATION	Bauer-Verlag Freiburg i/Br. Spearman Ltd., London
John Michell	DIE VERGESSENE KRAFT DER ERDE	Müller Erde Verlag D-3557 Frauenberg
Lama Govinda	DER STÛPA	Aurum Verlag Freiburg i/Br.

Printed in Switzerland